LE LIVRE

DE LA

Retraite

DU SIEUR

GIRARDOT DE NOZEROY

SEIGNEUR DE BEAUCHEMIN

CONSEILLER EN LA COUR SOUVERAINE

DU PARLEMENT DE DOLE

INTENDANT DES ARMÉES DE LA PROVINCE

Publié pour la première fois d'après les manuscrits CHIFFLET
avec une introduction et des notes

PAR

MAURICE PERROD

LONS-LE-SAUNIER

A. GEY, LIBRAIRE-ÉDITEUR

1900

LE LIVRE

DE LA RETRAITE

LE LIVRE

DE LA

Retraite

DU SIEUR

GIRARDOT DE NOZEROY

SEIGNEUR DE BEAUCHEMIN
CONSEILLER EN LA COUR SOUVERAINE
DU PARLEMENT DE DOLE
INTENDANT DES ARMÉES DE LA PROVINCE

Publié pour la première fois d'après les manuscrits CHIFFLET
avec une introduction et des notes

PAR

MAURICE PERROD

LONS-LE-SAUNIER
A. GEY, LIBRAIRE-ÉDITEUR

—

1900

INTRODUCTION

La vie de Girardot de Nozeroy,
seigneur de Beauchemin, est assez
connue, au moins dans ses grandes
lignes, pour qu'il suffise ici de la
rappeler en quelques mots seulement (1).

Il était né en 1584, au déclin de
ce seizième siècle, le siècle le plus
curieux peut-être de notre histoire
politique et littéraire, dans la
vieille ville de Salins, la plus in-
téressante assurément de nos cités
comtoises.

---

(1) Voir : Ph. Perraud et M. Perrod : Girardot
de Nozeroy, 1 vol. in-8 : Declume. Lons-le-
Saunier, 1900.

Alors, comme aujourd'hui, caché dans son rocher, ainsi qu'un nid d'aigle, mais enserré dans une forte ceinture de remparts et de tours, couronné de forteresses, fermé de portes qui ne s'ouvraient qu'à bon escient, Salins semblait garder des trésors ; c'en étaient aussi et de bien plus précieux que ses riches salines, qu'un patriotisme peut-être plus jaloux qu'éclairé, mais qui savait faire affronter la mort, qu'un amour ardent de la liberté, préférée à tout autre bien, — même à la fortune, ce qui peut paraître curieux à quelques-uns aujourd'hui —, qu'une énergie entêtée parfois, mais qui venait à bout de bien des difficultés, le tout dormant, au cours ordinaire de la vie, sous une apparente bonhommie et simplicité, ayant, à de certaines heures, un réveil brusque comme les orages du pays. Joignez à cela une compréhension très étroite de l'honneur et vous aurez le caractère moral des comtois au temps de Girardot.

Pour l'esprit, ils y avaient plus de rectitude que d'imagination ; aussi, préféraient-ils l'étude de la théologie et celle du droit, et leur société ne rappelle-t-elle que de loin, malgré une culture intellectuelle indéniable, celle de l'autre Bourgogne, encore moins celle de Paris, toutes deux si brillantes alors.

A cette époque, pour être quelque chose en Franche-Comté, il fallait être prêtre ou magistrat, gouverner les consciences ou les affaires publiques, parfois les deux ensemble. L'armée n'existait pas plus, à peu d'exceptions près, que la noblesse d'épée proprement dite et quand quelqu'ennemi devenait menaçant, le peuple se levait en masse pour le combattre et les chefs quittaient le Parlement ou l'Eglise pour se mettre à sa tête et joindre leurs efforts à ceux des

troupes fournies parcimonieuse-
ment par l'Espagne.

Souvent même, dans le magistrat,
le prêtre se retrouvait : Je veux
dire une formation catholique et
du catholicisme espagnol d'alors,
celui de Charles-Quint ou de Philippe II, l'ossuaire de l'Escurial :
de l'ombre, du froid et de la rigidité !

Nous retrouvons tout cela dans
la vie et dans les œuvres de Girardot. Croyant et pratiquant, la
foi est la trame de sa vie ; le reste
n'est qu'œuvre extérieure pour se
préparer au grand voyage et à
l'éternel séjour mais œuvre qui a
pour lui une grande importance
car elle est un devoir.

Tout jeune encore, il entre au
barreau, et le hasard, qui l'a tant
servi, met entre ses mains inexpé-
rimentées de débutant un procès
« sensationel », comme on dit en
jargon moderne. Il le plaide, le
gagne, est sur le point de le voir

révisé et publie, pour l'assurer dé-
finitivement, même devant la postérité, son mémoire de « La Justice
de S. A. implorée pour la défense
des lois contre les calomnies ».
(Anvers, chez Henri Aertsen, 1619).

Peu après, féru, sur la noblesse
parlementaire, d'idées qui nous
font aujourd'hui sourire, il im-
prime à Dole, chez Binart (en 1627),
« Le Chemin d'honneur de la noblesse catholique dans le monde ».

Puis il prend une part prépon-
dérante à des négociations concer-
nant le transfert du Parlement de
Dole à Besançon. Et désigné pour
la sûreté de son jugement, pour son
activité, aux suffrages de ses col-
lègues (1), il accompagne, en qua-

_____

(1) En 1618, déjà, mais sans succès, le Vice-
Président du Parlement le présentait en second ordre
pour occuper la place de Procureur fiscal et s'ex-
primait ainsi : « Ihan Girardot, avocat en ce Parlement, disert et d'une doctrine solide selon qu'il la
tesmoigné par plusieurs beaux plaids et escrits dez
environ 14 ans qu'il a esté receu au barreau où non
seulement il est des plus advancés, mais aussi entre-

*lité de conseil ou mieux de second,
Girard de Vatteville, marquis de
Conflans, général de l'armée de la
Province, durant la campagne de
1636 et des années suivantes.*

*A ces fonctions d'Intendant d'ar-
mée, qui l'ont mis à même de tout
connaître, nous devons « l'Histoire de dix ans de la Franche-
Comté de Bourgogne (1632-1642) »,
restée longtemps manuscrite et publiée en 1843, par J. Crestin ; et la
« Bourgogne délivrée », ouvrage
perdu puis enfin retrouvé et publié
cette année même par M. Longin (1).*

*Après la campagne, las et recru
de fatigues, il se retira chez lui, à
Salins, pour s'y préparer à sa fin
qu'il croyait prochaine et qui ar-*

---

*mis par particuliers en grands affaires hors de la
province d'où il est tousiours sorti à honneur, et le
tient pour un fort capable outre qu'il est de bonne
famille et possède de bons et notables moyens ».
(Extrait du livre des délibérations secrètes de la Cour).*

(1) *Dans les Mémoires de la Société d'Emula-
tion du Jura. Declume, Lons-le-Saunier, 1900.*

riva en effet dans la nuit du 7 au 8 février 1651.

C'est durant cette dernière période de sa vie qu'il écrivit le livre que nous publions aujourd'hui tel qu'il nous l'a laissé et que le gardent les Manuscrits Chiffet, à la bibliothèque de Besançon (au tome 39ᵉ, où il occupe de la page 170 à la page 216).

Assurément, ce n'est pas le meilleur de ses ouvrages. Il n'a pas l'intérêt historique de « Dix ans de la Franche-Comté de Bourgogne », ni de « La Bourgogne délivrée ». Il n'est pas le récit d'une affaire passionnante à certains points de vue comme son premier mémoire juridique. Il ne vaut même pas, à quelques égards, « Le Chemin d'honneur de la noblesse catholique » auquel il fait d'ailleurs de larges et de textuels emprunts. Peut-être aussi n'avons-nous de lui, hâtons-nous de le dire, qu'un projet, qu'un essai, qu'une sorte de brouillon inachevé, incomplet. Girardot, sans doute, aurait revu, corrigé, terminé et le livre y eut gagné.

Tel qu'il est, je le préfère pourtant à tout ce qu'on a publié de lui et à ce qui en reste encore inédit, même à sa correspondance ; car, là, mieux que partout ailleurs, Girardot est lui-même, peut-être avec des cheveux blancs sur un front alourdi par l'âge, avec une main mal assurée, qui donnent quelque chose de sénile, de diffus, d'imprécis au style, voire en plus d'un endroit à la pensée ; mais il y est aussi avec sa conscience inflexible, la rigidité de ses principes, la rectitude habituelle de son jugement, toutes choses qui ne vont peut-être pas très loin, mais du moins toujours droit.

Et c'est plus qu'un homme qui s'y peint, c'est toute une race et toute une époque, race presqu'éteinte après une époque disparue.

Le sujet, c'est l'importance pour un homme public d'une Retraite à la fin de sa carrière pour se préparer à l'Eternité.

D'abord, une telle retraite est légitime, et Girardot cite à l'appui les exemples de Charles-Quint, de Philippe II et surtout de Thomas Morus, qui paraît avoir exercé sur lui une vraie attraction. Il rencontrait du reste dans cette vie du Chancelier d'Henri VIII des conformités singulières avec la sienne et qui le charmaient : une intégrité absolue comme magistrat, une fidélité inébranlable à la foi catholique, un attachement sincère, mais sans servilisme, au souverain, une vertu incorruptible, un goût très vif pour les lettres, une bonne grâce parfaite à descendre du pouvoir dans les mauvais jours, de la sérénité et même de la gaieté devant l'échafaud et la mort.

Il est donc bon, comme ceux-ci on fait, de mettre un intervalle

entre la vie active et le repos sans
fin, de revoir, dans le calme et la
solitude, tout son passé pour, au
besoin, l'expier par le regret et les
bonnes œuvres plutôt qu'en Purga-
toire.

Après avoir expliqué ce qu'il
entend par cette Retraite et les diverses causes qui peuvent ou doivent y conduire, il dresse le plan
d'une sorte d'examen de conscience
et trace une règle de conduite. Car
la retraite ne nous délie de nos
devoirs ni envers nous, ni envers
les nôtres, ni envers l'Etat. Elever
ses enfants, veiller encore aux inté-
rêts et à la sécurité de l'Etat sont
pour lui des charges dont on ne
peut consciencieusement s'exoné-
rer.

Pour l'éducation, il a ses vues :
il faut un père libre de toute autre
occupation, il faut une femme
jeune que le mari instruise, afin,
qu'après lui, elle élève les enfants
selon l'esprit du père.

*Mais on se doit surtout à l'Etat.
Dans la retraite, on voit mieux
ses périls, sa situation ; libre de
toute ambition et de toute préoc-
cupation, on compare à loisir le
passé au présent et l'on en déduit
l'avenir. Il faut donc se tenir en
relation avec les gens restés au pouvoir, « qui sont mal placés pour
bien voir » et qu'il faut avertir à
tout prix quand vient l'approche
du danger, l'heure du péril, sans
désespérer jamais : il n'y a pas de
situation désespérée, « le désespoir
est signe d'abandon de Dieu ».*

*Chemin faisant, il jette un coup
d'œil plein de fierté sur la France
où la justice est vénale, où l'hérésie
fleurit, où les intendants concus-
sionnaires dominent.*

*On rapprochera avec intérêt ce
passage de celui de « La déclaration
des Commis au Gouvernement de
Franche-Comté sur l'entrée hostile
des Français, en 1636 », « ...Nous
sommes attachés à la protection de*

notre roi, naturelle et donnée de
Dieu, indivisible de l'église son
épouse, comme étant l'appui inébranlable de la religion catholique
apostolique et romaine. Ce qui
nous contraint d'inviter chacun de
faire à part sa comparaison de
l'extrême félicité en laquelle vivent
les sujets de cette province avec l'extrême misère en laquelle languis-
sent ceux du royaume de France.
Considérant particulièrement la
différence des deux Bourgognes,
qui, bien que sœurs et sorties d'une
même tige, sont devenues dissem-
blables de tous points, tant celle
qui a passé entre les mains de
l'étranger est déchue de la grâce et
beauté naturelle qu'elle avait en la
maison de son père. D'abord qu'elle
fut enlevée et ravie, pour adoucir
son amertume et la douleur de sa
violente séparation, on lui promit
et jura de la conserver au même
état auquel on la rencontrait, et
cependant elle voit aujourd'hui

chez soi la diversité de religion, la
vénalité des charges, l'imposition
des subsides ordinaires et ex-
traordinaires, la taille du sel,
les péages des ports, les gabelles
des traites foraines et passages,
l'entretien des gens deguerre, l'infinie multiplication d'officiers,
sucée enfin par tous ses membres
et en toutes ses parties jusqu'à la
dernière goutte de son sang. Cet
exemple si prochain, faisant frémir
d'horreur et d'apréhension les
moins sensibles de cette Franche-
Comté suffirait à les porter à une
constante résolution de mourir
mille fo's plutôt que d:'omber en
une si rude et déplorable servi-
tude ».

Mais il faut le lire en entier, ce
Livre de la Retraite, au prix, je le
veux, de quelques efforts, sans se
laisser surtout rebuter par la sé-
cheresse de quelques chapitres
entiers, par des longueurs ou par
des redites. Négligeons même quel-

ques images, quelques comparai-
sons bizarres, plus conformes au
goût du temps de l'auteur qu'à
celui du nôtre. On aimera alors
cette allure souvent vive et nette de
la phrase que n'alourdit pas l'éru-
dition, qui maintes fois s'échauffe,
s'élève et atteint à une vraie hau-
teur.

En la comparant à celle de la
plupart des écrivains du temps, on
remarquera que l'avocat bourgui-
gnon manie ordinairement la lan-
gue française avec une précision
précoce, avec une véritable maî-
trise; que chez lui très peu de
tours ou de mots ont vieilli et que
parmi ceux-là encore beaucoup
mériteraient de revivre.

On goûtera enfin des pages entiè-
res écrites d'un style savoureux et
plein qui rappelle Rabelais ou
Montaigne et fait songer aux Pro-
cinciales. Discutable si l'on veut,
et qui ne l'est pas? comme homme,
comme historien et comme philo-

sophe, Girardot écrivain réunira l'unanimité des suffrages.

On pourra regretter que l'impitoyable mort ne lui ait pas laissé le temps de mettre à son œuvre la dernière main, on conviendra qu'il eut été regrettable de la laisser plus longtemps dormir dans l'oubli.

Le souvenir de ce vieux parlementaire qui a bien servi son pays en sera comme rajeuni; en même temps que le reflet de ce lustre nouveau, si faible soit-il, reluira sur notre vieille et chère Comté, si fière de ses enfants orgueilleux d'elle, sur cette

.... noble terre
Féconde et grandiose, attrayante et sévère,
....
Où l'on retrouve encore, sous une empreinte antique,
Le courage du Franc, la candeur germanique,
Et la fierté de l'Espagnol. (1)

---

(1) Xavier Marmier.

LE LIVRE

DE LA RETRAITE

Raisonnement fait par le Conseiller GIRARDOT
sieur de Beauchemin
retiré en sa maison, où il mourut au mois de Janvier
de l'an 1654. Il y touche diverses intrigues
et justifie la dite retraite

Du repos ou retraite chrestienne au déclin de
nostre âge

La retraite que je fis en ma maison après
la levée du siège de Dole (1), et ce que j'ay
fait durant icelle, jusques à present, sont
choses peu souvent pratiquées en ce pays,
qui peuvent estre expliquées diversement

---

(1) Août 1636.

par le peuple et par les espris faibles, et
estre destournées à faux lustre contre mes
intentions par les enfans du siècle. et pour
ce, ceux qui sont arbitres de ma conscience
ou intéresseez, ou conseilleez en mes affaires
trouvent que ie suis obligé d'en donner
quelque esclaircissement pour la satisfaction
de cette province et de celles ou i'ay l'honneur d'estre conneu, et principalement de la
postérité à laquelle nous devons tenir comte
de nos actions si nous prétendons d'elle
quelque souvenir et honneur en nostre mémoire, joinct que le monde, qui at hérité la
jalouzie et la maschouere d'asne du second
homme, poursuivrat jusque dans le tombeau
l'innocence d'Abel, et, s'il ne peut luy oster
la vie, s'efforcerat pour le moins d'estouffer
ou ternir sa réputation.

Je scay bien que nostre honnneur ne craint
point les dents de cette maschouere et ne
despend que de Dieu et de nous mesmes,
consistant en la paix et appaisement intérieur que nos actions nous donnent, en la
présence de Dieu auquel nous les offrons,
comme Abel ses prémices, et que la réputation ne peut estre ostée à l'honneur si nous
n'y coopérons nous mesmes par faute et manquement ; toutefois, estants obligeez de conserver cette réputation, si nous la négligeons,

c'est un manquement duquel nous sommes coupables, et justement punis comme coopérans à nostre perte par nostre négligence et comme cruels à nous mesmes, affin d'user des mots du sainct esprit dans Salomon.

C'est l'occasion qui faict sortir de mes mains ce petit discours qui consisterat en deux poincts ; l'un contiendrat les causes et formes de ma retraitte, et l'autre ce que i'ay fait depuis ; et dans icelle, ie ne toucheray les fautes de personne, sinon les miennes ; et comme ce discours n'est pas pour moy seulement, puisqu'il se donne au public, mais pour tous ceux qui sont dans l'employ et les affaires, ie tascheray d'expliquer brièvement à quelle fin se font les retraittes et se prend le dernier repos au déclin de nostre aage, les causes et les effects, les dangers et profits d'icelle et les occupations chrestiennes et morales qui leurs sont propres.

CHAPITRE PREMIER

Que vueillent les mots de Retraite et Repos

Le tittre de ce livret explique assez de quelle retraitte et de quelle repos nous parlons icy ; le mot de retraitte aux choses de la guerre regarde les biens, les retraittes des armées en guerre, approche plus de notre matière, et sert a l'explication d'icelle, car [ces retraittes] se font lorsque nous nous sentons faibles, ou que la nuict approchant nous faict appréhender le désordre. Nous le faisons à temps et en bonne ordonnance et nous retirons dans nostre camp bien retranché, ou au couvert d'une place forte.

La vie des hommes qui desservent les charges ou professions nobles est une guerre continuelle sur la terre ; ils se retirent quand ils sont faibles par indispositions de corps, ou que la nuict de la vieillesse et de la mort commence d'approcher ; se retirent en ordonnance de guerre, non tumultuairement par despit ou désespoir, et se retirent dans le camp bien retranchés que nostre maistre nous at marqué soubs ce couvert de sa croix, au pied du grand mur inesbranlable de l'immortalité.

Ceste retraitte appartient proprement à ceux qui combattent aux professions nobles d'esglise, d'armes et de justice et tiennent offices ou employ en icelles car les professions mécaniques, qui ne sont que pour elles mesmes, n'en sont pas capables, non plus que ceux des professions nobles, qui ne sont ny dans l'employ, ny dans les charges ; le prestre simple demeure tousiours prestre, et le soldat, une fois enroolé, demeure soldat ; mais l'évesque peut remettre son évesché, comme fit le glorieux Saint-Claude, archevesque de Besançon (1), les chefs et offi-

(1) Saint-Claude, né à Salins, dit-on, vers 607, (chronologie de Dom Ferron), élu, en 685, évêque de Besançon, aurait quitté ce siège en 693 et serait revenu mourir, simple religieux, au monastère de St-Oyand, vers l'année 696. La vie de St-Claude, pleine d'obscurités, est une de celles qu'aucun hagiographe n'a réussi à dégager complètement des ombres du passé. Girardot en parle suivant les idées de son temps.

ciers de guerre leurs charges militantes, les
présidents et conseilliers les leurs, demeurants tous néantmoins jusques à la fin de
leurs jours dans l'estroicte obligation de la
loy establie par le premier arrest de Dieu,
qui est le travail.

Nous pouvons en tout temps quitter les
charges publiques, pour ce qu'elles nous sont
données par nos princes et sont nostres en
cette sorte par ce iuste tiltre de leurs graces
et chacun peut selon la disposition de leurs
loix renoncer à la grace et faveur qui lui est
faitte. Je dis qu'on les peut quitter en tout
temps, car bien qu'un officier principal en
guerre ne se doive retirer à l'heure du combat ny à la veue de l'armée ennemye, toutefois peut-il avoir telle occasion qu'il re-
mettra son baston de commandement et
prendra une picque pour faire office de
simple soldat ; mais tousiours en tout temps
il faut une iuste cause pour quitter son
office, tout de mesme qu'il en faut une iuste
à nos princes pour nous en déporter.

Les causes iustes pour remettre nos offices sont l'indisposition du corps, l'envielis-
sement ou diminution des forces de l'esprit
ou quand nous sommes appelez à plus haut
service, comme est celuy de Dieu, et cette
dernière retraitte est la plus ordinaire entre

les catholiques, lesquiels, quand ils sont libres et quittent leurs charges, font retraitte au sein des religions (1) où ils treuvent le vray repos.

Aux deux premiers cas d'indisposition et enviellissement, nos roys, tousiours justi-ciers et libéraux envers leurs serviteurs fi-dels, leur font la grace singulière de leur accorder le repos, et néantmoins les laisser dans leurs charges, bien que leurs services ayent esté simples, et par obligation de leur devoirs comme nous dirons cy après.

La retraitte donc, de laquelle nous parlons icy, est une retraitte de guerre chrestiaine, après un long combat avec le monde, la-quelle se faict pour les mesmes causes et à mesmes fins que les retraittes des armées, et est comme celle tant renommée de Xéno-phon pour nous mener sains et saufs et glorieux en nostre patrie,

Le repos est le but et effect de cette re-traitte comme avant coureur du grand repos du ciel auquel nous aspirons ; ie l'ay mis le premier au tiltre de ce petit livret pour ce que le mot de retraitte semble tenir ie ne scay quoy de bas, au lieu que le repos est

_____

(1) Ordres religieux.

chose désirée d'un chacun, et principalement que ce repos, comme but et cause
finale de la retraitte, est le premier en nostre
intention.

CHAPITRE II

Des diverses sortes de retraittes

Il y at diverses sortes de retraittes, et puisqu'à parler chrestiainement les retraittes desquelles nous parlons icy sont sorties hors du monde, il faut pour les biens entendre, expliquer en deux mots le mot de monde et voir que veut dire le monde en cette ma - tière de retraittes.

Le monde naturel sont les éléments et la grande machine que nous voyons ; le moral, c'est le corps universel des hommes, estats, royaumes et républiques desquels il est com- posé ; mais, entre les chrestiains, le mot de monde est odieux, car nostre maistre ap- pelle ainsy le party qui luy est contraire, et son plus grand ennemy est par luy appelé dans l'évangile prince du monde ; et le

3

monde et son prince sont si fort odieux devant ses yeux que la veille de sa mort, allant
se sacrifier pour les hommes, et s'humiliant
iusques sous les pieds d'un ingrat et traistre
disciple, il déclara à Dieu son père qu'il ne
le prioit point pour le monde.

Et adioustat une distinction qui nous
donne icy la lumière et nous apprend qu'en
l'esglise catholique aucuns sont hors du
monde comme les religieux, autres sont du
monde qui composent l'armée de l'ennemy
de Dieu, et autres sont dans le monde comme
nostre maistre déclarat qu'il estoit luy mesme
par la suitte.

St-Paul et St-Augustin nous apprennent
qui sont les gens du monde, soldats a gage
de l'ennemy de Dieu, et disent que nous
les trouverons dans les festins et impudi-
citez, trahisons, dissimulations et rapines;
leurs gages sont les plaisirs et faveurs de
fortune.

Or ceux de cette sorte qui sont du monde,
quand ils quittent son party, et se tirent à
celuy de Dieu, leurs retraittes s'appellent
convertion; ceux qui viellissent au party ennemy et y acquierrent authorité, que nostre
maistre appelle les sages du monde, ne se
convertissent iamais que par une grace spéciale et extraordinaire pour ce que Dieu les

laisse en leur folle sagesse et ne révèle la
sienne qu'aux petits et humbles, mais bien
se retirent-ils aucune fois des affaires et des
charges et quittent les authoritez et les empires, comme firent Tibère (1) et Dioclé-
tian (2) et telles retraites sont cloaques de
tous vices, pour ce qu'ils y portent ceux dans
lesquels ils sont ensevelis et s'ensevelissent
en un mauvais repos qui est celui de l'oysiveté mère et nourice des ordures du monde.

Les religieux qui sont hors du monde sont
en retraitte dez le jour de leurs professions,
et ainsy celles dont nous traittons icy ne sont
propres qu'à ceux qui sont dans le monde,
et non du monde, combattent soubs l'estendart de la croix, marchent visage torné
à leur patrie qui est le ciel.

Je ne parle pas aussy en ce livret des retraittes qui se font de temps à autre pour
reprendre haleine et retourner au combat
plus vaillans et meilleurs, lesquels St-Ignace,
fondateur des jésuittes, appelle *exercices* (3),

---

(1) Qui se retira à Rhodes, ainsi que le raconte
Suétone, au chapitre X de la vie de cet empereur
et qui y demeura huit années avant de revenir à
Rome et de reprendre le pouvoir.

(2) Qui, frappé de paralysie, abdiqua en 305 et
se retira à Salone où il mourut en 313.

(3) Ignace de Loyola (1491-1556), blessé au siège
de Pampelune, converti pendant sa maladie, se

usant du terme des soldats qui font exercice
de temps à autres, à mesme fin, pour répéter
leur leçon, reveoir leurs armes et leurs deffauts
à la veûe de leurs officiers.

Je ne parle pas non plus des autres retraittes establies par le mesme sainct dans sa
compagnie, après que les braves hommes
ont travaillez dignement dans le monde, soit
aux cours des roys, aux universitez fameuses,
ou aux grandes chaires, lesquels il rappelle
et remet au novitiat ; car c'est bien à dessein
de leur faire secoüer la poudre de leur pieds
et les remettre à l'escole de la religion, mais
c'est pour faire puis après nouvelle sortie et
travailler dans le monde comme devant.

Passer au travers du monde tousiours
combattant comme nostre maistre et ses
apostres ont faict, c'est un grand ouvrage
pour lequel il faut des armes fourbies au feu
du ciel par le St-Esprit mesme. St-Ignace,
soldat au monde et soldat hors du monde,
ayant amassé sa petite compagnie pour le
secours, fit comme les sages capitaines qui
ayant peu de forces se retranchent contre

---

retira ensuite dans une caverne près de Manrèse
et y rédigea ses *Exercices spirituels* si connus depuis
La Société ou Compagnie de Jésus fondée en
1534, fut approuvée par Rome en 1538.

l'ennemy et prennent poste en lieux forts;
car il s'est couvert des retranchements régu-
liers de la religion, et a pris ses postes hors
du monde, et quand il fait sortie hors de ses
postes et tranchées, est tousiours à la veüe
d'icelles et pour y faire rettraite après le
combat; il est vray qn'il a establis des retraittes d'une troizième sorte, qui sont aucunement semblables à celles dont nous parlons icy: sont les dernières retraittes de maisons professes.

Toute l'antiquité chrestienne est pleine
de retraittes : les persécutions en produi-
sirent une partie, les dangers reconnus dans
le monde menèrent les anachorètes aux désert, St-Athanase s'allat enterrer dans le
fond d'une vielle cyterne, et par toutes les
nations et en tous les estats se voit l'heureuse et constante pratique des retraites dernières desquelles nous parlons icy.

Mais elles ont estés pratiquées différem-
ment en ce qu'est de la forme extérieure;
ie veux parler de ceux que ie rencontre dans
la ville de Salins, ou ie minute ce discours,
dont les retraittes chrestiennes sont con-
neües, et y ont produit de bons effects;
St-Claude, grand archevesque de Besançon,
fils d'un prince de Salins, se fit religieux au
monastère de St-Ouyan de Joux; St-Ana-

thoile fit sa retraitte en cette mesme vallée, dans le ventre d'un rocher sur lequel est basty l'hermitage honoré de son nom (1).

Le prince Gaucher (2), seigneur de Salins, et sa noblesse firent retraitte au monastère de Goailles, voisin de cette ville, sans faire vœux toutefois, ny s'obliger aux règles du monastère, bien que ils les suivissent estroic‧tement iusques à leur mort, et s'y voient auiourdhuy leur tombeau.

Nous voyons en ceste mesme ville l'hospital du St-Sépulchre fondé par un gentilhomme, qui, marié et non encore vieillard, fit retraitte dans iceluy au milieu d'un nombre de chapelains par luy institués et dottez, qui chantoient les louanges de Dieu, et d'une quantité de pauvres que luy et sa femme, fondateurs du dit hospital, servoient et aymoient comme leur enfant (3).

Un autre a fondé un séminaire d'escoliers, tousiours en cette mesme ville, après une

(1) St-Anatoile, ermite, dont la vie est peu connue. A son propos, voir : Maurice Perrod, *Recherches historiques sur St-Anatoile*. Besançon, 1896.

(2) Gaucher IV, est mort en 1219 et inhumé dans cette abbaye.

(3) Amé ou Amédée de Montaigu, professeur en droit, conseiller de la comtesse Mahaut, fonda cet hôpital en 1427 et l'enrichit de donations successives dont la plus importante est de 1438.

retraitte solitaire de plusieurs années (1)

Nous avons veu naguerre en cette ville, feüe madame de Chastelrouillaux, Anne Nicole Dandelot, dans sa retraitte la plus généreuse et constante qu'ayent veu les siècles passez en sa ville et en sa propre maison, au milieu de ses domestiques, mener une vie d'ange en terre cinquante ans durant et d'avantage tousiours uniformement.

La retraitte de Thomas Morus, chancelier d'Angleterre, en une sienne maison champestre, mérite que nous nous estudions un peu largement à la considérer.

_____ _____

(1) Simon Dufour, fondateur en 1580 du *Petit Séminaire des Orphelins*. Voir sur cet établissement : Maurice Perrod : *Le Collège et les Ecoles de Salins*. Besançon, 1899.

CHAPITRE III

———

Retraite du chancelier Morus (1)

De touttes les retraittes que ie rencontre
par tout en nombre infiny, la plus à mon
propos est celle du chancelier Morus ; car
ie le trouve dans le monde dez ses ieunes

———

(1) Etant allé plaider un procès en Flandres,
Girardot rencontra à Malines, vers 1617, le jésuite
Antoine Sulguet avec lequel il eut quelques con·
versations sur la vanité des choses de ce monde.
Le jésuite lui montra le néant « ... de toutes
« choses ici-bas... et à suivre son chemin dans le
« monde sans être du monde... » Pour corro-
borer ses discours, il lui donna à lire la *Vie du
chancelier Thomas Morus*, qui fit sur Girardot la
plus vive impression.
On sait que Th. Morus, né à Londres en 1480,
fit partie de la Chambre des Communes sous
Henri VIII. Du parti d'abord de l'opposition, il se

ans, d'un naturel prompt et fort peu esloigné du sens commun, protester néantmoins et se déclarer ennemy de la fortune et du monde et s'enrooler soubs l'estendart de nostre maistre ; ie le vois appellé aux charges publicques, les desservir courageusement et très dignement ; ie le vois marié par deux fois, père de bon nombre d'enfans, atteindre à la privauté de son roy, et peu après à la confiance, sans rien acquérir, ou bien peu, bastir sa maison au milieu de ses propriétés, monter à la dignité suprême d'Angleterre, se rendre admirable en icelle et au sommet de sa grandeur, à l'aage de cinquante ans, remettre tout à coup ses charges au roy et se retirer à son Chelsey (1).

Je l'y void bastir son sépulchre, corres-

---

réconcilia, par l'intermédiaire de Wolseley, avec le roi qui le nomma successivement membre du conseil privé, trésorier de l'Echiquier et enfin grand chancelier. Il refusa de reconnaître Henri VIII comme chef de la religion et de le suivre dans son schisme. Obligé de donner sa démission, il refusa aussi de prêter le sermeut de suprématie qu'on exigeait de lui et fut condamné, en 1535, à mourir sur l'échafaud.

(1) Chelsea, faubourg de Londres où Morus s'était fait construire une modeste habitation, où il résida tout le temps de sa grandeur et qu'il ne quitta que pour la prison et l'échafaud.

pondre par toute l'Europe aux hommes doctes
et serviteurs de Dieu, combattre les hérétiques avec sa plume et par son exemple, pro-
téger la religion catholique et l'esglise en
Angleterre et, à l'heure de la persécution,
succombant l'esglise anglicane, seconder
vaillamment l'évesque resté qui la soustenoit
et aller au martire courageusement et glorieusement avec luy.

Pourquoy se retirat ce grand personnage ? parce qu'il estoit en prospérité, aagé
de cinquante ans seulement et de santé encore assez entière, chargé d'enfans et assis-
tez de peu de bien ? Craignait-il le revers de
sa fortune enviellie, prévoyoit il le changement qui depuis arrivat en la personne du
roy et en tout le royaume, fuioit il la persécution future, se tiroit il a l'escart pour évi-
ter le coup ?

Il prévoioit sans doute le changement prochain et que les serviteurs de Dieu seroint
persécutez, et en tint discours plusieurs fois
au baron de Roper, son beau-fils, mais il
tesmoignat bien, quand la tempeste arrivat,
qu'il ne craignoit pas la persécution, car jamais homme n'a esté veu moins esmeu, ny
plus constant et mesprisant la mort, et s'il
eust voulu fuir la persécution, il se fut tiré
dehors d'Angleterre; le St Siège l'eust

receu à bras ouvert, comme celuy qui com-
battoit pour luy dez longtemps ; et non moins
amoureusement l'empereur Charle cinquiesme qui luy estoit obligé de la coura-
geuse deffence qu'il avoit fait pour le mariage de la reyne Catherine, sa tante.

L'histoire de sa vie, couchée par le doc-
teur Staplétonius, nous apprend la cause de
sa retraitte qui fut l'appréhension de suc-
comber en la meslée voyant les ennemys
trop puissants croistre en nombre de moment
à autre et la connoissance qu'il avoit de la
foiblesse humaine pour un si rude combat.

La privauté du roy Henry huictiesme, qui
l'avoit aimé tendrement dez longtemps, luy
donnoit de puissantes secousses secondées
par les artificieux attraicts d'Anne de Bolans,
de laquelle ce misérable estoit amoureux
irrémédiablement. Le conseil du roy estoit,
comme dit Tybere du sien, ou comme un
carosse duquel les chevaux sont languides
et sans force et pour néant travailler, le
carossier a beau les chasser pour leur faire
tirer le Roy du mauvais pas auquel il estoit
engagé ; toute la cour estoit de festins et
passetemps, où Morus, chancelier, estoit
appellé et caressé pour consentir au divorce
qu'Anne de Bolans sollicitoit. Sa femme et
ses filles s'estoint pareillement laissées en-

traîner et commençoient d'estre emportées
par le torrent commun qui tost apres inon-
dat l'Angleterre et luy, viellard, bon père et
bon mary, de nature facile et complaisant,
prenoit garde qu'il estoit doucement emportez.

Il se tirat donc promptement de la Cour
et quittat le timon qu'il ne pouvoit plus gouverner, menat sa famille à l'escart hors de la
portée des coups empoisonnés de tant de
délices et attraicts et, après avoir pourveu à
sa famille par son establissement religieux
et dévot, s'armat prudemment pour le combat futur, prit la cuirasse et le casque et les
armes chrestiennes, desquelles parle S. Paul,
avec lesquelles, au iour du combat, toute
l'Angleterre estant vaincüe, il emportat seul
le prix et la couronne et comme il est dans
le ciel, glorieux, sa mémoire aussy est ho-
norée et glorieuse en terre.

CHAPITRE IV

———

De l'indisposition du corps

Quand le chancelier Morus se retirat de
la cour et remit ses charges au roy, il luy
proposat son indisposition qui fut reçüe par
le roy pour cause légitime de sa retraitte,
bien que Morus ne fust pas malade actuel-
lement, car ce jour-là mesme, il fut au palais et fit de bouche sa proposition à la personne du roy, mais l'histoire dit qu'il estoit
de complexion assez faible et sa santé plus
constante que forte qu'il soustenoit par un
procédé joviale auquel son naturel estoit
porté ; il entretenoit musique en sa maison
et se récroit en exercice honeste, se iouoit
mesmes avec ses enfans aux heures qu'il
avoit libres pour donner relasche à son es-

prit et affin, dit-il luy mesme, qu'il ne fust
pas comme estranger dans sa maison.

Son indisposition estoit l'infirmité de laquelle nous venons de parler et que dans un
air empesté, comme estoit lors celuy de la
cour, il se trouvoit faible, et la connoissance
claire qu'il avoit des désordres et malheurs
prochains luy donnoit si avant dans l'esprit
que l'ennuy luy eust esté mortelle, ny pouvant apporter remède, dans l'obligation de
sa charge de chancelier, s'il eust continué
en icelle.

Je me suis trouvé, Dieu grâce, en une
saison de tout point différente des années
dernieres de Henry huictième, soubs lequel
vivoit Morus, car nous vivons soubs le plus
grand roy, le plus catholicque, justicier et
béning qui soit sur la terre ; le sérénissime
prince Ferdinand son frère qui nous gou-
verne peut estre appellé légitimement, comme
fut l'empereur Titus, la joye du monde (1).

Au mois d'octobre de l'an mil six cens
trente six, nous estions delivrés de guerre et
d'appréhension, victorieux de nos ennemys
qui, abbattus de courage, nous demandoient
la paix par l'entremise des Suisses et moy,
qui avois eu part au gouvernement des armes

---

(1) Mort en 1641.

et de l'estat de cette province, estois dans le contentement entière d'un si heureux et glorieux succès, ie pris ce temps et ce point des affaires pour me grimper dans le vif et me coucher en beau lieu, comme faict le soleil en ses beaux jours d'esté, aagé lors de cinquante trois ans, recreu de travaux d'esprit et de corps et qui tenois à grace spéciale de Dieu que ma vie eust esté prolongée de sa main iusques à ce temps-là.

Mon indisposition procédait de mes longs travaux de paix et de guerre ; après trente ans continuels d'heureuse santé, mes voyages de Flandre et d'Espagne et les affaires importans et difficiles qui ont passés par mes mains avec la vie sédantaire d'un conseil de robbe longue avoient porté des rudes atteintes à la bonne disposition que Dieu m'avoit donné; la guerre deffensive contre le Rintgrave Otho-Louys et le Suède, qui fut estouffé dans son commencement et celle qui suivit contre le mareschal de la Force et le cardinal de la Valette logé dans ce pays avec armées royales, en l'année mil six cent et trente cinq, me mirent au dernier poinct, car fut M. le marquis de Conflans, mareschal de camp que ie secondois et qui avoit appuyé les armées du duc de Savoye, Charle Emmanuel, faisoit la guerre plus par

4

négociation et par ruses que par force, com-
battoit les esprits des chefs ennemys plus
que leurs armes et en un mot guerroyoit
sans argent et sans soldat, chose qui travail-
loit grandement son esprit et le mien.

A l'issue de cette guerre, ie me trouvay
réduict à deux doigts du tombeau; les plus
expers médecins assemblez trouvoient un
deffaut universel en toutes les facultés naturels vitales et animales qui procédoit d'es-
puisement d'esprit et leur conclusion fut,
après beaucoup de remèdes practiqués inutilement, que ma vie estoit desormais attachée
à l'esloignement de toutes affaires impor-
tunes et ne se pouvoit prolonger que par
exercice de corps et liberté d'esprit.

Je pris ce relasche et exercice durant plusieurs mois qui me remirent en pied; le prince
de Condé survint avec armée puissante et,
ayant attaqué Dole et nos pasteurs qui estoint
dedans, pensa disperser les peuples. Mon
estat de convalescent et le commencement
de santé que ie iouissois de mon relasche
d'esprit furent considérez; mais ils ne m'ex-
cusèrent pas d'une nouvelle campagne et
d'une guerre très difficile que nous entre-
primes M. le mareschal et moy avec dix mille
francs d'argent et quattre vingt chevaux:
il fallut que l'esprit jouast à bon escient pour

mettre en pied comme nous fismes dans peu
de temps une bonne armée Bourguignonne
et souldoyer les troupes auxiliaires d'Allemagne. L'assistance particulière de Dieu et
le secours d'un principal médecin qui estoit
tousiours auprès de moi me firent achever
cette campaigne qui fut heureusement ter-
minée à la confusion de l'armée ennemye,
après laquelle ie me retiray en ma maison,
comme ie viens de dire, pour y vivre le reste
de mes jours dans le repos, loing des affaires
importuns de guerre et de justice, estant ce
repos légitimement dehu à mes travaux em·
ployés dez si longtemps pour le repos publique.

CHAPITRE V

De la vieillesse

Monsieur le Marquis, aagé de soixante trois ans au temps de la levée du siège de Dole, résolu aussy de se retirer à ma suasion (1) et se retirat par effect en sa maison de Chastelvilain avec la charge de Bailly d'Aval qui luy fut donnée pour récompense de ses services.

Il faut confesser qu'après l'aage de soixante ans la force de nostre esprit diminüe; l'empereur Charle cinquiéme, grand prince et grand capitaine, n'attendit pas l'aage de soixante ans, mais fit sa retraitte à cinquante et un, tout plein encore de force et de vigueur, et David demandait à Dieu qu'il luy pleut de l'assister lorsque sa vertu serait

_____

(1) Persusion ; conseil efficace.

enviellie ; et l'Escripture dit que sur la fin
de ses jours il estoit viel et trop viel, c'est
à dire pour le gouvernement du royaume.
M. le Mareschal, après son année climaté-
rique de soixante trois ans, commenca à
viellir, et luy s'y en donnat garde, cherchant
tous moyens propres dans le travail de la
guerre à entretenir les forces de son esprit.

Monsieur le comte de Bussolin son fils,
qui suyvoit la Cour et l'armée de Flandres,
au temps de la retraitte de son père, accep-
tat comme bon fils les mercèdes (1) et nou-
vaux employs que S. A. donnat à M. le Mareschal avec le titre de gouverneur des
armées de S. A. royale en Bourgogne, et
comme jeune seigneur vaillant et bouillant et
affamé de gloire ne prévit pas que la santé
de son père viellard estoit au déclin.

M. le Mareschal néantmoins, en cette enviellissement, monstrat beaucoup de prudence et de valeur et une affection nom-
pareille au service de Sa Majesté car,
mesme au combat de Cornoz (2), où il allat
contre son opinion, prévoyant le malheur qui succédat, il pourveut à l'asseu-

----

(1) Récompenses.
(2) 13 mars 1637.

rance de sa retraitte, et mandat à cet effect
les Srs de Rincourt et St Germain avec leurs
gens de pied et de cheval et, ayant esté ses
troupes mises en route, demeurat le dernier
sur le champ faisant tout devoir humaine-
ment possible pour les rallier et remettre le
combat au dessus, et depuis que S. M.
eust donnée le gouvernement de ce pays
à M. le Marquis de St Martin, il n'obmit
aucun debvoir, en la charge de maréchal de
camp, avec efforts d'affection qui surpis-
soint les forces d'un viellard, dans les quels
efforts il mourut par la violence qu'il se fit,
estant malade, à exécuter un ordre du général en la frontière; lequel il voulut exécuter
en personne bien qu'il eust peu légitimement
s'en excuser affin, dit-il lors, à ceux qui luy
remonstroint l'hasard qu'encouroit sa santé,
que personne ne fondat excuse en pareil
cas sur l'exemple du mareschal de camp (1).

J'establis ma retraitte, dez l'instant que
ie fus en ma maison, par un mémorial que
i'envoyay a S. A. royale, luy représentant
mon indisposition et enviellissement et impossibilité de desservir désormais aucune
charge, pas mesme celle de conseillier au

---

(1) Mort le 26 octobre 1637.

Conseil de Dole, et la suppliay très hum-
blement d'aggréer qu'un navire brisé comme
i'estois achevat de viellir dans le port.

Ainsy mon indisposition, et la profession
que ie fis d'estre incapable de desservir
aucune charge me mesnageat le bonheur de
ma retraitte ; les gens du siècle, qui mesu-
rent toutes choses à leur pied, croyoint que
fut M. le Marquis de Couflans demandoit le
gouvernement de ce pays icy, et moy de
succéder aux charges de fut M le président de
Mercey (1), et n'espargnèrent aucunes dents
de la maschoüere de Caïn pour nous des-
chirer aux cours de Bruxelles et de Vienne,
et par tout où nous estions congnus; ie ne
voulus pas me deffendre, pour ce que la
verité notoire parloit pour moy, et que les
oppositions qu'on faisoit aux prétentions
imaginaires qu'on m'attribuoit ne portoint
aucun coup contre mes intentions, et au
contraire opéroint (2) à ma retraitte pour laquelle seule ie travaillois.

Je n'heu personne pour moy à la Cour de
Bruxelles que M. le président Rose, lequel
de la part de son A. royale nous avoit escris

_____

(1) Celui que Boyvin a remplacé en 1639.
(2) Coopéraient.

la satisfaction qu'elle avoit de nos services ;
en la cour de l'empereur se trouvèrent quelques colonels allemands qui s'estoint ren-
contrez en nostre dernière campagne, lesquels ne peurent tolérer l'impudence des
menteurs, et ayant resservy de la vérité
S. M. Imperiale, celle-cy nous fit l'honneur
de nous escripre, et m'envoyat en particulier lettres pour S. M. royale, par lesquelles
elle luy demandoit pour moy d'amples mercèdes, desquelles lettres ie ne me suis pas
encore servy.

L'autheur de l'*Examen des esprits* (3)
monstre la différence qui se rencontre aux
esprits des hommes, que les uns soint de
toutes heures, c'est à dire, uniformes et
esgaux à eux mesmes en toutes saisons, les
autres sont moins riches et n'ont que quelques heures bonnes, et sont languides et au
dessoubs d'eux mesmes en autre temps ; ie
me suis trouvé dez longtemps dans la pauvreté de cette derniere espece d'hommes,
en laquelle i'ay esté consolé de voir le
mesme deffaut en plusieurs personnages
meilleurs incomparablement que moy.

Il y at des imaginations fortes qui pren-

(1) Je n'ai pu découvrir le nom de cet écrivain
ni son ouvrage.

nent les choses trop à cœur, et s'impatien-
tent en la longueur ou doutent des succès;
autres s'y attachent de telle façon que pour
trouver les moyens d'en réussir ils ne dor-
ment n'y nuict, ny iour, comme en l'histoire
d'Italie celle du marquis de Pescaire (1) ; il
est certain que les hommes qui s'appliquent
puissamment s'abbattent et enviellissent plus
tost que les autres, pour ce qu'ils consom-
ment leurs esprits animaux, et débilitent
leur nature qui foible ne formans plus ce
sang en sa perfection, ne leur peut plus
fournir les espris espurez qui sont nécessaires à l'exercice des facultés de l'âme. Le
viel poisson, dans les fables, interrogé
comme il avoit peu faire pour se conserver
si longtemps, respondit que son régime de
vie avoit esté de ne iamais nager contre le
fil de l'eau; ainsy ceux qui résistent au cours
impétueux des affaires ne viellissent que ra-

(1) Ferdinand-François d'Avalos, marquis de Pes-
quaire, un des plus célèbres capitaines de Charles-Quint et mort à 32 ans. Il était d'une famille
illustre et considérable du royaume de Naples.
Est-ce à lui où à quelqu'un de ses parents que
Girardot fait une allusion dont je n'ai pu découvrir le sujet ? La suite ferait penser à lui, épuisé
avant l'âge et ayant avancé sa fin par ses nom-
breux travaux.

rement, ou plustot si sont vieux de trop
bonne heure, et avant le temps car c'est
estre viel que d'avoir les facultés vitales et
animales affoiblies, et en quelque saison
que cette affoiblissement et viellesse se
trouvent c'est une maladie irrémediable et
qui vat tous les jours s'augmantant.

Si nos corps sont les robbes que la nature
nous at donnée, ils sont aussy bien usez
quand ils ont estés déchirez dans les espines
et travaux du monde, comme s'ils avoint
estés longtemps portés ; fut M. le président
de Mercey, qui estoit d'un esprit tousiours
esgal, estoit aagé de quattres vingt ans
quand i'entray conseillier au parlement de
Dole et à la vérité viel et usé, mais comme
ie le voiois, en cette extreme viellesse, n'ob-
mettre aucun debvoir de sa charge ny de
bien séance, un conseillier, aussy aagé que
luy et homme actif en son haut aage, me
dict que le drap avoit esté bon puisque
la fleur en estoit encore si beile et si entière.

J'en ay veu d'autres moins aagés perdre la mémoire de tous poincts, si que
nous fûmes obligez de les prier qu'ils se re-
posassent désormais en leur maison et ne
le pûmes obtenir d'eux qu'à toute peine ; il
est très dangereux de continuer dans les

charges et les grandes affaires quand on est
vieil et usé ; ic veux prendre un exemple
pour tous, qui est celuy du grand Osius, espagnol, qui tant de fois avoit présidé au concile tenu contre les Arriens, et estoit une
colonne inesbranslable de l'esglise, contre
laquelle toutes les puissances de l'arrianis-
mes s'estant froissés ; il arrivat à extrême
viellesse et, diminué de force d'esprit et de
corps, ne peut résister aux rudeses et fu-
reurs des Arriens qui le contraignirent en
cette sorte de soubscrire avec eux, et bien
que il se rétracta dez l'instant qu'il fut en libertez, toutefois ces infirmitez de viellesse
coustèrent bien cher à l'esglise et à ce grand
prélat (1).

J'ay tousiours appréhendé de m'engager aux

_____

(1) Osius ou Hosius, 257-358. Évêque de Cor-
doue en 295, mérita le titre de confesseur par la
constance qu'il montra durant la persécution de
Dioclétien et de Maximien. Constantin l'envoya à
Alexandrie où il assembla un concile dans lequel
on traita des Méléticiens, des Ariens et des Secta
teurs de Colluthe (319). Il présida le premier concile du Nicée (325) et celui de Sardique (347).
L'empereur Constance s'efforca en vain de le ga-
gner à l'arianisme ; mais retenu captif à Sirmick il
souscrivit à la confession de foi que les hérétiques dressèrent en cette ville (356). Cependant,
avant de mourir, il protesta contre la violence
qu'il avait subie et anathématisa l'arianisme.

charges et commissions ausquelles y at à travailler à toutes heures puisque, comme ie viens
de dire, ie me tenois très inégal à moy mesme et n'y ay heu qu'une seule consolation,
qu'est de ne les avoir poinct poursuivy ; car
au lieu que ceux qui les demandent sont
obligez de les bien desservir, et sont comptables de tous deffauts, ie n'ay esté obligez
que d'y apporter ma personne telle qu'elle
estoit, et les desservir selon mes forces.

Et depuis que les autres imperfections
de mon naturel m'ont faict nager contre le
fil de l'eau et m'ont enfin affaibli et envielly
et que mon affaiblissement et vieillesse
m'ont accordez le repos, i'aurois été coupable et inexcusable de ma témérité, si i'avois
continué dans le péril après avoir congneu
mon impuissance.

CHAPITRE VI

De la troisième cause des retraites

Nous avons parlés au commencement d'une troisième cause légitime des retraittes dernières qui est le service de Dieu et nostre salut ; ie ne veux pas icy parler des retraittes qu'ont faict de tout temps dans les cloistres plusieurs grands personnages, après avoir congneu par expérience les dangers infinis que courent ceux qui traversent le monde, pour vaillans et bons combattans qu'ils sont, lesquels dangers autrefois menèrent St-Bruno dans le fond des rochers non seulement à l'escart du monde ennemy de Dieu et du monde moral composé des hommes, mais hors du monde mesme naturel,

dans le fond d'une chartre (1) et s'il eust peu
se nicher en l'air au haut d'une colonne,
comme fit St-Siméon Stylite, il est sans doute qu'il l'eust faict ; ie veux icy parler de la
retraite que se faict par prudence chrestiaine, sans attendre l'impuissance ny la viellesse, pour faire reveüe de nos actions, et
nous préparer à la mort.

Nostre vie, si elle at son cours entier,
doibt estre composée de trois parties, en la
première desquels nous apprenons à vivre ;
nous vivons, en la seconde, et apprenons à
mourir en la troisième ; toutes les actions
de nostre Seigneur portent quelque mys-
tère pour nostre instruction ; l'Escripture dit
qu'il estoit commanceant environ l'aage de
trente ans, car, jusques alors, il avoit esté
caché soubs le voile du mespris, et commen-
ceat seulement environ le trente un de son
aage, de marcher en public au travers du
monde.

De là, nous apprenons le temps légitime
auquel nous commançons, et que les années
précédantes ont estés toutes pour apprendre à vivre, et que à trente ans seulement
nous vivons ; aussy les loix que nous obser-

_____

(1) Retraite, solitude ; dont on a fait le mot
Chartreuse.

vons ne nous permettent le maniement de
nos propres affaires jusques après vingt-
cinq ans complets, et adioustent encore
quattre ans utils, qui nous mènent à l'entrée
de trente ans, durant lesquelles quattres années, en gouvernans nos propres affaires,
nous nous rendons capables à commencer
d'entendre à celles d'autruy.

Nostre Seigneur parlant de la mort et
nous recommandant d'estre tousiours prests,
nous marque la seconde et la troizième
veille ; entre la première qui est nostre jeu-
nesse nous ne veillons pas encore bonne-
ment, car nos bons anges, nos maistres,
nos tuteurs et curateurs veillent pour nous ;
la seconde veille est la seconde partie de
nostre vie, durant laquelle nous vivons et
la troisième partie en laquelle nous apprenons à mourir.

Nous n'apprenons pas encore à vivre devant sept ans, pour ce que nous n'avons pas
l'usage de raison ; et dez sept ans iusques à
trente sont vingt trois années que Dieu donne
aux hommes qu'il destine au gouvernement
public pour apprendre à vivre ; nous vivons puis après autant d'années, iusques à
cinquante-trois ans, cheminans et combattans dans le monde ; les plus braves sont
morts avant trente-cinq ans ; la pluspart des

5

autres avant cinquante ; ceux qui atteignent les cinquantes trois, commencent lors la troizième partie de leur vie, en laquelle ils apprennent à mourir.

C'est donc en cette année cinquante troisième de mon aage que i'ay dehu commencer d'apprendre à mourir, puisque Dieu m'at faict la grace d'y atteindre, après vingt trois ans de travaux et combats quasi continuels dans le monde.

Au premier voyage que ie fis au pays bas(1), peu avant ma trentième année, la fortune vint à moy à bras ouverts et m'offrit ce que ie pouvais souhaitter ; i'avois une sage mère sans l'avis de laquelle ie ne pouvois prendre aucune résolution ; elle me dissuadat par raisons puissantes de m'engager en pays estrangers sur apparence de grandeurs qui enfin se résoudroint en vents et en pluyes.

— Fut M. le Chancelier d'Amont avoit un jour festoyé grosse compagnie où i'avois été appelé : un bon vieillard de la chambre de l'Isle qui estoit au festin, m'entretint ce jour là d'un beau discours comme le chancelier avoit esté toute sa vie traversé et sup-

_____

(1) Vers 1613.

planté par gens de fortune qui s'estoint es-
levez à son exclusion, et par un dénombre-
ment bien particulier me fit voir comme tous
estoint morts, et leurs maisons quasi toutes
esteinctes, à tous lesquels survivoit le bon
chancelier avec sa patience, plein d'honneur
et de biens et aagé de cent ans ; ie com-
mençay dez lors à suspecter les caresses que
faisoit la fortune à un ieune homme qui ne
faisoit que poindre et m'esgayay à un dialo-
gue latin (1) par lequel ie refusois ses faveurs, et elle me faisoit des reproches et me
menaçoit de me mal traicter, comme elle
s'est efforcée de faire tousiours depuis, et
n'at jamais mieux tenu sa promesse à personne qu'à moy.

Je rencontray puis après en un second
voyage le révérend père Anthoine Sulquet,
jésuite, recteur et père des septantes novi-
ces à Maligne, (2) et peu après provincial de
Flandre, qui est aujourd'huy glorieux dans
le ciel ; il m'expliquat que c'estoit que le
monde et le royaume de Dieu en terre, me
marquat le chemin dans le monde sans estre
du monde, et pour le mieux entendre me

---

(1) Ouvrage perdu.
(2) Malines,

donnat en main la vie du Chancelier Morus pour exemple et modelle de mes actions; i'y trouvay Morus en sa retraitte, et
dans son Chelsey, (1) à l'aage de cinquante
ans.

Il me proposat la différence des grandes
naves et des galères ; que les grandes naves
vont en haute mer à voilles desployées, char-
gées de richesses et guidées des vents, mais,
pour bien armées et gouvernées qu'elles
soint, elles sont emportées souvent par les
ondes, boivent la tormente entière sans
pouvoir tirer à rive, se froissent contre les
rochers et escueils cachées, et s'ensablent
bien souvent, pensant prendre terre.

Que ie me contentasse d'aller le train des
galères qui vont terre à terre sans se ietter
en haute mer, se servent du vent seulement
quand il est favorable, advancent et reculent
à force de bras et de rames et se retirent au
port quand il est temps.

Il couchat en ce mesme temps un beau
livre, qu'il intitulat le *Chemin de l'Immortalité*, lequel depuis, il me fit l'honneur de
m'envoyer, qui contient bien amplement,
d'un stile religieux, les belles leçons qu'il

---

(1) (Voir plus haut).

m'avoit donné de bouche, et en ce beau livre la retraitte hors du monde et la saulveté
dans le port ne sont pas oubliez.

CHAPITRE VII

Que les retraites et le repos après le travail
sont de droit divin

Dieu nostre père, après son grand ouvrage de six iours durant lesquels il créat les cieux, les élémens, les plantes et les animaux, se reposat le septième iour pour veoir et considérer dans ce repos tout ce qu'il avoit faict et trouvat que tout estoit fort bon.

Il nous ordonnat ce mesme repos chacun septième iour de nostre vie, par le texte exprès de la loy escripte donnée à Moyse sur la montagne, qui a esté le iour du sabbat, observé très étroictement en l'ancienne loy.

Nostre Seigneur l'a observé ; mais son grand iour de repos fut celuy de sa résur-

rection qui est aujourd'huy le jour de Di-
manche, auquel il nous est commandé de
nous reposer.

Le dernier repos, duquel nous parlons
icy, nous est divinement marqué par luy
mesme, car son repos, qui commençat au
iour de sa résurrection, continuat sur la terre
40 jours entiers, au bout desquels il montat
au ciel.

Il ne pouvoit pas nous marquer le repos
à la cinquantième année de son aage, puisqu'il ne vesquit qu'environ trente-quatre
ans ; mais, estant mort en cette aage fleu-
rissant, il ne voulut pas quitter la terre qu'il
ne nous eust monstré le repos par son exemple, et en ce repos sont une infinité de mys-
tères.

Car, avant que de commencer l'ouvrage
de nostre salut, il avait esté dans les dé-
serts et jeuné an iceux quarente iours entiers ; et après l'ouvrage consommé, il en
demeurat autant en repos sur la terre.

Il apparut à la Magdelaine, en iardinier,
dans la solitude des montagnes, et elle, à
son imitation achevat ses jours dans le creux
de la sainte Baume ; il parlat à ses disciples
au chemin d'Emaüs ; mais il ne se fit point
connaistre iusques à ce qu'ils furent dans le
repos ; il apparut à tous ses apostres ensem-

ble par deux fois, estant assemblez, fenestres et portes clauses. Il leur parlat une autre fois au pert et non pas sur la mer, et, par tout le temps de son repos de quarante iours, leur apprit les secrets du royaume de Dieu en terre, qui est en effet le repos intérieur des gens de bien.

Sainct Jean, son favory, ayant vescu iusques à un haut aage, a pratiqué bien longtemps ce dernier repos, et entendit une voix du ciel qui luy commandat de l'escrire, c'est-à-dire laisser par escript à la postérité ; cette voix luy dit : apprend leur que ceux-là sont heureux qui meurent en Dieu, pour ce qu'ils y trouvent le repos de leurs travaux, et leurs bonnes actions les suivent au iour de leur mort.

Quand nostre Seigneur parle des travaux futurs de ses discipies, il leur dit qu'ils endureront dans le monde, et en la déclaration de ses béatitudes leur marque les travaux qu'ils souffriront et consolations qui suivront ces travaux. Cette voix du ciel qui parle du repos. et appelle bienheureux ceux qui meurent en Dieu après les travaux passez, parle des béatitudes qui commencent en terre, avant-courières des esternelles ; car cette voix du ciel ne dit pas : bienheureux ceux qui sont morts en Dieu, qui est la béa-

titude du ciel, mais bienheureux ceux qui
meurent en Dieu, c'est-à-dire que la mort
rencontre en Dieu et adiouste la raison de
leur bonheur, qu'est le repos qu'ils ont de leurs
travaux et que leurs bonnes actions qui les
suivent, marquent les hommes encore voya-
geurs ; autrement, elle diroit : que leur bonnes actions les ont suivy et accompagné, si
elle entendoit parler du temps qu'ils sont
comprehenseurs (1).

C'est dans cette derniére retraite par laquelle, après avoir esté longtemps dans le
monde avec beaucoup de travaux et combats
pour le service et la cause de Dieu, nous
commençons d'entrer en Dieu et estre en
Dieu où nous trouvons la paix et le repos,
et faisons, comme fit Dieu au commence-
meut du monde, la revûe de nos actions
pour reconnoistre si elles sont toutes bonnes.

Les bonnes et les mauvaises suyvent les
hommes mourans, et, comme les mauvaises
sont de terre et de chair et de sang, elles
tirent à bas les hommes au destroit de la
mort, et les plongent au centre des choses

---

(1) C'est-à-dire entrés dans la vie du ciel où les
justes sont mis en jouissance de la récompense qui
leur a été promise.

graves par leur pesanteur naturelle ; les
bonnes actions au contraire, qui n'ont rien
de pesant mais ont leur estre perfectif, tendent en haut et nous eslèvent mourans et
nous portent au ciel ; c'est ce que dit cette
voix du ciel à St-Jean : que bienheureux
sont ceux que la mort trouve reposans en
Dieu, et accompagneez de leurs bonnes œuvres qui les suyvent en ce destroit.

Cette voix parle des hommes qui ont com-
battu et traversé le monde, car elle dit
qu'ils ont trouvé le repos après leurs travaux ; ceux-là difficilement ont pu travailler
sans beaucoup de süeur, et de poudre, ny
combattre longtemps sans beaucoup de bles-
sures, car si bien nous allons en bonne ordonnance au combat, sy at-il tousiours du
désordre en la meslée avec les combattans,
si l'ennemy est fort comme est le monde,
outre que Dieu seul est parfaict, les fautes
ausquelles les serviteurs de Dieu sont tom-
bés dans le monde sont lourdes pour se
deffaire desquelles, et n'avoir rien de pesant
et mourir totalement en Dieu, cette voix du
ciel nous advise de prendre ce dernier repos.

Les serviteurs de Dieu, mourans au milieu des combats avant ce dernier repos, ne
sont pas malheureux, mais ils ne sont pas
bien heureux aussy ; car il faut purger après

la mort ce qui est de terre ; leurs fautes ne les tirent pas au centre de l'enfer, mais elles les tirent soubs la terre ; leurs bonnes ac-tions ne sont de fin or du ciel, mais il y at du meslanges de terre qu'il faut brusler, et exhaler en la fournaise, lequel bien plus dou · blement, et à moindre frais, aurait esté pur-gez en ce dernier repos duquel nous par-lons.

Nostre Maistre, comme ie viens de dire, fit une retraitte de quarante iours au désert quand il voulut commencer l'ouvrage de nos-tre salut, pour nous apprendre qu'au com-mencement de toutes grandes affaires il nous faut ainsi préparer, nous retirer à part et loing du monde et jeuner en cette retraitte, c'est-à-dire ne rien gouster, et nous abste-nir totalement des viandes du monde, et si la faim nous presse, nous repaistre des vian-des du ciel que les anges nous apportent.

Les hommes n'ont point de plus grand ou-vrage que celuy de bien mourir, car c'est le poinct pour lequel nous vivons et le moment de nostre mort est celuy duquel dépend l'é-ternité, avant lequel pour ce quand nous le voulons entreprendre, il faut une retraitte au désert et un long ieune comme celuy de nostre Seigneur.

Le destroict de la mort est un passage si

estroict que notre repos mesme n'y peut
passer ; nostre âme seule passe outre, et
nostre repos demeure en deça, estendu sur
la terre, et comme chose grave composé de
terre, vat soubs la terre, et se résoult en
terre ; nostre âme qui vat au delà trouve des
précipices où elle tombe au fond des abysmes si elle est chargée de grosses pesanteurs ; il faut que l'esprit soit de tous poincts
deschargé, et qu'il n'aye rien de corporel n'y
pesant tant soit peu pour prendre son vol
en haut. Sont ceux que cette voix du ciel
appelle bienheureux qui passent le destroict
ainsy espurez sans autre suitte que de leurs
bonnes actions (1).

---

(1) Toute cette fin de chapitre est sinon extraite
littéralement, du moins directement inspirée d'un
passage de Platon, dans son *Phédon*.

CHAPITRE VIII

Que les retrailles et repos dernier sont du droict de nature

Le repos et dernière retraitte est du droict de nature, car tout ce qui est sur la terre subsiste par le travail et le repos alternatif la nuict : pour ce qui suit le jour, et enfin tous les animaux, après tous leurs longs travaux, cessent de travailler quand les forces leurs manquent, et les navires cassées, si elles ont bien servy, ne sont plus menées sur la mer.

Les saisons de l'année représentent l'aage des hommes ; le printemps est cette première saison en laquelle nous apprenons à vivre ; l'esté est l'aage viril auquel nous vivons ; et l'automne est le déclin de l'aage auquel nous apprenons à mourir ; chacun

iour est l'abbrégé de l'année et l'abbrégé
de nostre vie, car il est composé du matin,
du midy, et du vespre, qui sont le printemps,
l'esté et l'automne ; la icunesse, l'aage viril et la vieillesse et toute nostre vie n'est
qu'une répétition de nos années et de nos
jours.

Quand ie considére l'institution de nos
conseils de iustice i'y trouve les saisons et
les aages, les retraittes aux festes principales de l'année chacune de quinze jours pour
se retirer avec Dieu en ce temps là et,
comme l'année de la justice commence en
novembre et que la fin de l'année est en sep-
tembre et octobre, ie trouve cette automne
de deux mois, vieillesse de chacune année,
laissé pour le repos.

En automne, durant ces deux mois, se
faict la récolte des fruicts qui sont de garde
et nécessaires à la vie humaine et c'est en
nostre automne et dernier repos que nous
devons assembler les fruicts de garde, pour
lesquels nous avons travaillez toute nostre
vie, et en desmeller les corrompus, de peur
que par leur meslange, les bons fruits se
corrompent ; et avec les fruicts de garde,
qui sont nos bonnes actions, nous entrons
sans rien craindre à l'hiver qui est la mort.

Ceste dernière vacquance, en l'automne

de nostre vie, est nostre septième iour auquel nous autres conseilliers de justice con-
sidérons ce que nous avons faict durant les
six jours de travail, et ne pouvons iamais
dire comme Dieu, nostre père, que tout ce
que nous avons faict est fort bon, car la fai-
blesse nostre nature dans les occasions et au
milieu du bruict et tourmente du monde se
trouve en désordre sept fois le iour.

CHAPITRE IX

---

*Des difficultés et facilitez des retrailles
dernières*

Si nous distingnons les personnes et les retraittes, nous trouverons de la difficulté aux unes et de la facilité aux autres, et, comme dit Aristote, toutes choses font leurs effects, selon qu'elles rencontrent l'obiect, ou suiect disposez.

Sainct Augustin estoit homme du monde, soldat à gage soubs les estendarts de fortune, chef du bataillon des Manichéens, et l'un des principaux suppost des festins et luxes de son temps, favory de l'empereur et l'estonnement des gens de biens ; il fut touché de Dieu aux sermons de St-Ambroise ; mais il compte luy mesme, en ses confessions, qu'il ne pouvoit se retirer, car une femme rusée qui avoit vieilly dans sa maison estoit si puissante en ses flatteries qu'il ne pouvoit se desmesler d'elle, ny destacher de ses embrassements ; c'estoit l'accoustumance et habitude prise et enracinée si fortement qu'il fallut les larmes de Ste Monique de plusieurs années, les prières de St-Ambroise, et une voix du ciel pour le retirer ; mais cette retraitte, comme i'ay dis cy devant, n'est pas proprement rettraitte, mais plustôt conversion qui se faict rarement et non autrement que par la main toute puissante de Dieu.

J'ay veu dans la cour de nos princes un Sgr. homme de bien, viellissant de corps et de fortune, minuter vingt-cinq ans durant une retraitte, une heureuse retraitte et le Sgr se reposait souvent dans les douceurs de l'imagination de ce dernier repos, mais enfin il mourut premier que de le rencontrer, car iamais il ne peut se destacher de la cour, tant les racines y estoint profondes ; un autre homme d'église et de condition, dans une cour de Parlement minutoit, (sont vingt ans passées), cette mesme retraitte et toutes choses l'y ayant convié et quasi forcé, ie le vois tousiours le mesme rouler dans son Parlement et dans le monde sans s'en pouvoir tirer.

C'est que tous ceux qui se marient à la fortune ne la peuvent quitter, pas mesme quand elle les quitte et leur est une mort civile. De despouiller leurs authoritez et ne voir plus de courtisans et amis de fortune à leurs talons, seroit survivre à eux mesmes comme cadavres, et estre ensevelis soubs le mespris avant que d'estre morts de mort naturelle, s'ils abbandonnent leurs authoritez.

Et bien que les deux susdits et autres leurs semblables ne soint gens du monde et de fortune en la sorte que nous les prenons icy, toutefois, ils sont de ceux qui veuillent la vertu pour guide, et la fortune pour compaigne, c'est-à-dire servir à deux maistres, car partout où est la fortune, elle veut estre maistresse, et les deux, fortunes et vertu, ne s'accordent iamais si nous ne prenons la fortune pour le bonheur qui accompagne la vertu et suites travaux duquel bonheur parle Plutarque soubs le tittre de la fortune et vertu d'Alexandre et des Romains.

Le chancelier Morus ne minuta pas la sienne si longtemps, et ne luy fallut arracher ny rompre aucune racine, bien qu'il fust dans la cour dez bien longtemps et dans la confiance et la plus haute dignité d'Angleterre, mais il n'y avait fiché aucunes racines, et n'y estoit que comme passager qui alloit plus loing et aspiroit à grandeurs bien plus hautes.

Il estoit de maison noble, et de moyens honnestes, et avoit borné la condition de sa famille dez le commancement à celle de la naissance qu'il illustra seulement de la chevalerie et office de conseillier qu'il procurat à Jean Morus, son père, homme de mérite, digne père d'un si brave fils, aussy est cette condition la meilleure de toutes celles qui sont sur la terre, car elle est iustement au milieu de toutes, affranchie des misères et des bassesses de celles qui sont au dessoubs d'elle, et non suiette aux orages et dangers qui se rencontrent aux conditions plus hautes ; elle est aussy en un vray poste pour se maintenir, sans décader, pour ce qu'elle est capable de toutes professions nobles, et n'est pas néantmoins de noblesse si chastouilleuse, qu'elle reiette les entremises honorables de la plus haute bourgeoisie (1).

Morus nasquit dans cette condition et y fichat le clou de ses espérances dans le monde sans vouloir que sa famille s'eslevat

_____

(1) Girardot fait ici l'éloge de la petite noblesse dont il était.

plus haut, suyvant lè conseil de St-Jacque qui veut que nous regardions au miroir le visage de nostre naissance et ne passions plus outre quand nous nous y sommes regardez, mais que nous nous y attachions sans bouger.

Estant dans cette résolution et establissement et ayant des moyens suffisans pour sa condition, à quel propos se peiner à en acquérir d'avantage, pourquoy nous travailler à faire une robbe plus longue que nostre corps, sinon pour nous empescher et incommoder par l'amas de la boue des rues (comme dit Sénèque), et pourquoy un grand soulier trop long et trop large à un pied bien faict (1)?

Morus estoit en une très haute dignité et quasi royale, aussy portoit-on un sceptre devant luy, et il ne se prévalut iamais pour soy mesme, ny pour les siens de cette si grande aucthorité; sa couronne royale estoit nne couronne d'espines, de soing et travaux d'esprit bien poignans et son sceptre un boyeau plein de vent, duquel il ne tiroit aucun profit pour soy.

Une reyne de Sparte, de taille quasi naine, se montoit sur des hauts escarpins et parois-

_____

(1) Horace : *Ne sutor ultra crepidam.*

soit de haute stature ; quelques mauvais gar-
çons luy desrobèrent un iour ses escarpins
et furent cause de la loy publiée par les
éphores, qui prescrivoit aux roys de ne plus
espouser des petites femmes, pour ce qu'au
lieu de roy, elles leur feroient des roitelets.

Ceux qui sont de basse condition, ou gens
de peu de science et de mérite, quand ils
sont montez sur les haults escarpins des
dignitez, appréhendent avec raison de quitter
ces escarpins, pour ce qu'ils paroistront ce
qu'ils sont : petits nains, comme fit cette
reyne de Sparte.

Morus entrat en son Chelsey de plein
pied, sans rien oster à sa famille, car il l'y
menat telle qu'il l'avait tousiours maintenue:
dans la condition de sa naissance, et y portat
avec soy sa grande vertu, sa science, son
expérience de beaucoup d'années ; et en
cette retraite, toutes les belles actions qu'il
avoit faict en ses charges et ambassades le
suivirent. Il estoit grand, de la vraye grandeur, sans se servir des escarpins de l'aucthorité des charges pour se relever et ne fit
autre chose, quand il remit ses charges, que
de quitter la couronne espineuse qui le poi-
gnoit au cerveau et le roseau qu'il avoit en
main ou plustot, comme parloit le grand
St. Grégoire, le monde qu'il avoit bien pe-

sant sur la tête, il le mit soubs ses pieds.

Jamais aussy n'avoit-il heu tant d'honneur qu'il heu dans son Chelsey, non des gens de fortune, car tous l'abbandonnèrent, mais de tous les grands personnages doctes et vertueux de l'Europe qui célèbrèrent son Chelsey comme une escole de doctrine et de vertu.

CHAPITRE X

Des dangers et asseurances qui sont aux retrailles

Les gens de monde et de fortune ne sont pas asseurés, s'ils se despouillent de leurs charges, pour ce que leurs mauvaises actions les suivent et l'aucthorité cesse qui les tenoit à couvert ; tous leurs amys estoint amys de leur fortune et se retirent d'eux avec la fortune ; ces dernières retraittes sont amyes de syndicats, ausquelles les intéresséz qui n'osoint mot dire, commencent à parler et répéter (1) ce qui leur at esté enlevé sans raison ; c'est pourquoy les sages du monde conservent soigneusement leurs offices ius-

---

(1) Redemander.

ques à la mort et les font continuer, s'ils peuvent, à leurs enfans.

Sylla, le plus meschant homme de son temps, qui avoit espousé la Fortune et portoit au doigt la bague de leurs nopces et l'image de la Fortune au chaton, quand il considérat les douceurs du repos et minuta sa dernière retraitte (1), fut advertis par sa conscience de l'extrême danger auquel il se mettoit après avoir faict beaucoup de maux ; et, pour y remédier, fit un carnage à Rome, durant plusieurs années, de tous ceux desquels il se pouvoit craindre ; mais, au lieu des morts, sa mesme conscience fut un boureau qui le travaillat iusques à la mort ; et à la mort mesme, il eut si peur que son cadavre fut fouetté, comme il avoit faict fouetter celuy de Maryus, qu'il ordonnat qu'il fust bruslé dez l'instant qu'il auroit rendu l'âme et fut le premier qui introduisit à Rome la mode estrangère de brusler les corps morts.

Sénecque, philosophe et homme de bien en ses escripts, se retirat d'appréhension qu'il eut des cruautés de Néron, son disciple; et connoissant la grande faute qu'il avoit faict d'accepter des grands biens de sa main, pensat pour néant les luy remettre, car Né-

---

(1) Putéoles où il mourut en 78, avant J.-C.

ron n'en voulut point; il portat en ses iardins, avec soy, plusieurs riches hoiries (1) qu'il avoit autrefois pratiqué (2) et l'ennuy d'avoir contribué aux principaux crimes de Néron et en cette sorte, au lieu de trouver le repos, trouva son malheur, et sa plus glorieuse action fut de mourir en philosophe (3).

Heureux ceux qui n'ont iamais rien accepté de la main de fortune et ne portent rien en leur rettraites dernières que le monde puisse répéter d'eux; glorieux aux années de leur succès ceux que personne ne peut accuser légitimement, ny répéter d'eux aucune chose mal ou douteusement acquise.

Nostre maistre, lorsqu'il prit sur ses espaules les péchez des hommes et allat se sacrifier pour nous, fit son testament, auquel sacrifice comme il estoit, il vit venir à soy le prince du monde, celuy qui, quattre ans auparavant, luy avoit présenté la souveraineté de tous les royaumes de la terre s'il vouloit fléchir le genouil devant luy, et le voyant ve-

---

(1) et (2) Ces deux mots sont presqu'illisibles sur le manuscrit.

(3) Impliqué en 68 dans la conspiration de Pison, il reçut l'ordre de se tuer ; il s'ouvrit les veines des bras ; mais la mort tardant à venir, on l'étouffa dans une étuve à vapeur. Il supporta cette fin avec la plus grande constance.

nir, dit à ses disciples que ce prince du
monde n'avoit rien à lui demander, pour ce
qu'il ne tenoit rien de ce prince.

C'estoit pour nous apprendre qu'il ne faut
rien recevoir de la fortune, qui est mesme
chose que le prince du monde, affin que
quand nous despouillerons les charges par
retraittes en viellesse ou par la mort, il ne
trouve rien en nous qu'il puisse répéter.

L'innocence et le travail nous donnent en
propriété ce que la fortune nous preste avec
usure et bien que nous semblons estre à nud
quand nous ne possédons plus les charges
que volontairement nous avons quittés, toutefois nous sommes en asseurance entière
quand nous n'avons rien receu de la fortune,
c'est-à-dire quand nous n'avons plus man-
diqué (1) les charges d'elle, ny fléchis le
genouil devant elle pour les avoir, ny usé
de nos charges pour enrichissement et agran-
dissement de nos maisons, ny pour exercer
nos passions comme Aman sur Mardochée;
que la fortune qui est le prince du monde
vienne à nous, ils ne nous peuvent rien demander ny répéter de nous, pour ce qu'ils
ne trouveront rien chez nous qui soit à eux
et fassent tout ce qu'ils voudront, assemblent

_____

(1) Mendié.

leurs tourbillons et lèvent les tormentes et les flots de la mer contre nous, qui est le symbole du monde et des mondains, il ne feroit que du bruict et de la bave et de laver le roch sur lequel nous sommes affermis.

Je scay bien que dans les charges de justice, et plus encore en celles de guerre, il faut qu'un homme de bien, faisant son devoir, mescontente beaucoup de gens, qui en garde les ressentiments; et tous meschants, indifféremment, sont des ennemys qui retiennent leurs passions dans le cœur pour s'en vanger quand ils en auront le pouvoir, comme il semble qu'ils ont quand leur ennemy est désarmé d'authorité; mais l'expérience de tous les siècles nous at faict connoistre que la vérité, l'innocence, la iustice et la vertu ne sont iamais plus redoubtées que quand elles sont nues, ou plut tost sont-elles mesmes les armes de fin acier et de bonne trampe qui nous rendent invulnérables par tout le temps que nous les portons.

Scipion l'Affricain, celuy qui destruisit Cartage, s'estant retiré dans une sienne maison des champs, où il achevat ses iours dans le repos, duquel nous parlons icy, entendit un matin à l'aube du jour que ses serviteurs estoint effrayés, et tost après vit paroistre grosse troupe de gens d'armes, qui estoit

comme investissant sa maison; le bruict fut
encore plus grand quand il les eut envoyé
reconnoistre et fut rapporté que c'estoint
voleurs qui demandoint sa personne; il ne
s'estonnat aucunement, pour ce qu'il n'y
avoit rien à voler dans sa maison, car la famille des Scipions n'at iamais voulu avoir des
biens que ce qu'il falloit pour l'entretène-
ment d'un cytoyen; et pour sa personne, il
scavoit assez que pouvoit un prince et la
veue d'un personnage de sa sorte; il allat
donc à eux et sceur (1) que la réputation de
son nom les amenoit là pour le voir seulement, et luy les ayant interrogé, impetrat(2)
leur pardon et les reintégrat au service de
la république.

Il est vray que Morus, duquel nous venons
de parler, rencontrat un escueil dans sa retraite, contre lequel il se brisat; mais, il se
fut brisé contre le mesme escueil quand il
fut demeuré dans les charges, s'il eust per-
sisté en l'obéissance et devoir qu'il avoit à
l'esglise; et puis il allat contre la règle des
retraittes qui est de ne point sortir la nuict
aux champs : car il sortit au temps que la
puissance des ténèbres régnoit en Angleterre,

_____

(1) *Seur*, certain.
(2) Demanda.

que le soleil de la iustice estoit caché soubs
le vice et la prostitution ; les enfans de fortune ont à eux l'heure des ténèbres, comme
les loups et les bestes ravissantes et im-
mondes ont la nuict, durant laquelle les
gens de bien se doivent reserrer comme bre-
bis. J'ay veu, ny at pas longtemps (1), ma patrie en extrème péril et en sincope par le
faict des enfans du siècle ; ie voulus la secourir et entendis aussitost les trompettes
sonner l'arrière ban contre moy ; un de mes
amys me fit souvenir que c'estoit leur heure
et que i'attendisse ce iour. (2)

Nostre maistre advertyt ses disciples que
les enfans des ténèbres estoint plus sages en
leur espèce que les enfans de lumière en la
leur, mais il adioustat que c'estoit en la gé-
nération en laquelle ils estoint lors, qu'estoit un temps de ténèbres, dans lequel le
mensonge et la violence régnoint ; il leur
dit aussy que l'artifice des ténèbres, c'est-
à dire du mensonge, est si grand et subtil à

---

(1) 1637, guerre de Trente ans.
(2) Girardot fait ici allusion aux difficultés qu'il
eut avec le Parlement de Dole après la première
période de la guerre de Trente ans et à l'Edit
que celui-ci rendit contre lui. Voir à ce sujet :
P. Perraud et M. Perrod: *Etude sur Girardot de
Nozeroy.*

tromper les hommes, que les gens de bien
mesme penseront faire service à Dieu de les
mal traitter et les perdre.

. David disoit qu'il falloit s'asseoir en ce
temps de ténèbres et attendre Dieu, et nostre maistre commande expréssement que
nous l'attendions et allions après luy sans le
prévenir et nous précipiter pendant la nuict;
St-Ignace deffend à ceux de sa compagnie
d'entreprendre aucune chose durant le temps
de désolation.

Fut M. le marquis de Conflans, se trou-
vant une fois, avant nos guerres, en un temps
de ténèbres bien obscures, s'estoit retiré en
sa maison et comme ie ne voyois aucun remède, ny ressource pour luy, il medit qu'il
practiquait lors ce que souvent il avoit faict
dans les bois, lorsqu'il s'y estoit esgaré et que
la nuict l'y avoit surpris, qu'estoit de mettre
pied à terre, s'affuter d'un arbre, les resnes
de son cheval dans le bras et l'espée en sa
main, et en cette sorte sans advancer ny reculer, attendre le lever du iour.

Le duc d'Albe portoit quasi le mesme en
sa divise, par allusion sur son nom, qui si-
gnifiait l'aurore, au lever de laquelle il repré-
sentoit fuyans les animaux de nuict et les
bergers sortans aux champs avec leur trou-
peaux. L'ame de la divise estoit ce mot:

l'Aurore chasse Mal. M. le Marquis nostre gouverneur at souvent fait cette mesme remarque : nostre cour et nostre province ont ressentit les violents effects de cette nuict ténébreuse, et à cette heure seulement nous commençons à veoir de loing les premiers rayons de l'aurore au milieu des cris redoutables des coqs françois (1).

Les ténèbres estoint bien obscures en Angleterre, peu avant lesquelles Morus, très sagement, se retirat en sa maison ; l'évesque de Roffeus estoit demeuré ferme en la campagne pour la deffence de son troupeau contre le schisme et l'hærésie, et trouvat Morus dans sa retraitte plein de zèle et de doctrine et de réputation en Angleterre, et espérat que leurs deux mains pourroint retenir ce royaume penchant à son malheur, et que s'ils estoint accablez soubs les ruines, qu'ils acquerroint la couronne du Martyr comm' ils ont faict.

Ces hautes résolutions sont divines et pardessus le courage des plus braves hommes ; nostre maistre, avant que le Saint-

(1) Allusion à la future conclusion de la paix : Traité des Pyrénées, 1659, qui rendait provisoirement la Franche-Comté à l'Espagne, et mit fin à la guerre de Trente ans.

Esprit heu influé son feu divin aux cœurs
de ses disciples, leur commandat de se retirer de citez en citez aux heures des ténèbres, et nous fait demander tous les iours à
Dieu que nous ne soyons pas induis à ces
périls et tentations où nous perdons souvent
les ames et les corps, et tousiours l'un ou
l'autre, mais au contraire qu'il nous délivre
des meschants.

Nous avons un bonheur infini soubs l'heureuse domination de nos roys que nous ne
pouvons iamais rencontrer auprès d'eux la
puissance des ténèbres, pour ce que Philippe
second, le modelle parfaict des grands roys(1),
at unis inséparablement la monarchie d'Espagne à l'esglise romaine, et à la iustice si
fermement qu'il en at faict comme le palla-
dion de Troye la grande, duquel la conservation estoit fatale (2) à cette cité et ainsy,
ne pouvant subsister la monarchie catholique
qu' avec l'esglise et la iustice que ce grand
roy y at incorporé par ses règles et dispositions royales, iamais le schisme, ny l'hœré-

--- ---

(1) 1527-1598, fils de Charles-Quint, a construit
l'Escurial et subi le désastre de l' « Invincible
Armada ».

(2) Dans le sens de lié étroitement au sort (de
fatum, destin).

sie, ny l'iniustice ne pourroint prévaloir sur
les personnes de nos roys.

Et de plus, ils nous donnent un bénéfice
nompareil, quand l'indisposition ou la viellesse nous obligent à cette dernière retraitte,
soit que nous soyons dans les armes ou dans
les offices de justice ; c'est ce que, nou s
accordans le repos, ils nous conservent
néantmoins le tiltre et l'authorité de nos
charges et le traittement qui les accompagne, si que (1) nous ne sommes ïamais
désarmez d'authorité, et par conséquent à la
mercy des meschants, comme fut Morus dez
l'instant qu'il eut remis sa charge au roy
d'Angleterre, et fut demeuré homme privé;
lequel bénéfice de nos roys, parmy plusieurs
autres, leur est singulier, et rend leur domination non pareille, asseurée et souhaittable
à tous les gens de bien.

---

(1) A tel point que.

CPAPITRE XI

De la réputation, respects et bruicts du peuple

Le glorieux Morus, dez le iour mesme de sa retraitte, se vit abbandonné de tous, et cesser les respects et honneurs qui luy estoint rendus auparavant ; celuy qui succédat à son office de chancelier (1) estoit créature d'Anne de Bolan, qui travaillat aussy tost à le déréputer, pour ce que la réputation de ce grand personnage nuisoit au dessein de cette infâme furie d'enfer.

Cette abandonnement et cessation des respects est une mort civile aux gens du

---

(1) Audley, créature d'Anne Boleyn et qui se montra particulièrement acharné à la perte de Morus,

monde; mais à Morus, et aux gens de bien,
c'est une douceur et soulagement nompareil,
car, ceux qui les abandonnent en cette occasion, sont ceux qui courtisoint leur fortune,
flatteurs en un mot et rien moins qu'amys,
et s'il y at chose qui ennuye les gens de bien
qui sont aux charges, sont les respects exté-
rieurs de semblables gens ; il n'y at que les
asnes qui portent sur leur dos la déesse Isis
qui ne se prennent pas garde que c'est à la
déesse et non à eux que s'adressent ces respects (1).

Et l'importunité contraignante qui les
accompagne est un torment qui tient esclaves les gens de bien qui sont aux charges ;
de laquelle importunité, ils sont délivrés à
mesme temps que les respects cessent, qui
estoint les fers et seps (2) de leur esclavage.

L'autorité et les advantages conférés aux
gens de bien ne sont pas pour eux, mais
plus tost pour leur parents ambitieux, ava-
res, ou vindicatifs; et eux qui se sont despouillés de bonne heure de ces trois robbes,
sont assiegez et combattus par ceux des

_____

(1) Lafontaine (l'âne portant des reliques) a im-
mortalisé cette même comparaison, plus vigoureuse
peut-être cependant chez Girardot que dans sa
fable.

(2) Entraves.

leurs qui ne s'en sont pas despouillés comme eux. C'est un honheur de se trouver dé-
livré de cette importunité ennuieuse des
siens. Nostre maistre dict que nos plus
grands ennemys sont nos domestiques(1), et
qui n'at la force de combattre les siens en
ces occasions, père, mère, frères et enfans
ne mérite pas de porter le nom de son disciple.

La plus grande attaque que nous ayons
en ces retraittes, est que nos actions passées,
et tout ce que nous faisions est calomnié et
destorné subtilement à faux lustre par les
enfans du siècle, qui sont merveilleusement
scavants en cette science, et scavent donner
le vent contraire à qui il leur plaict, et comme les sorciers de Finlande eslèvent les
orages et la tempeste par leurs enchante-
ments.

Mais ce n'est que du bruict et du vent
qui passent qu'a faict l'*Anti Caton* autrefois si
subtil et artificiel contre Caton, et l'*Anti Cou-
lon* en France, et la pyramide dressée contre les iésuites par arrest du parlement de
Paris ; la patience, fille du ciel, dissipe ces
orages, et la vérité, adoptée par le temps qui

_____

(1) Dans le sens de *familiers*, gens de la même
maison, *domestici*, en latin.

dévore les enfans de mensonge, est par luy
soigneusement conservée.

La gloire de la fille du roy, dict l'escripture, procède du dedans, et consiste en
franges d'or ; son habit tout autour est plein
de variétez ; la fille du roy est l'innocence et
vertu des enfans de Dieu ; son honneur sont
franges d'or, qui procèdent d'elle comme les
rayons sont du soleil ; et la réputation est
cette variété de laquelle elle est environnée.

Le soleil est le symbole de la vertu, et en
luy se distinguent trois choses : la première
est son corps et substance propre ; la seconde est la lumière qui luy est naturelle,
flüe et procède de sa substance ; et la troisième est la clarté du iour que la lueur pro-
duict et espand par tout le monde ; la substance est impassible, et la lumière pareillement ; mais la clarté produicte en l'air, est
pleine de variété.

Les franges d'or, desquelles parle l'escripture, c'est le vray honneus qui procède de l'intérieur, scavoir du corps, et substance de la
vertu ; elles illustrent et esclairent le monde
naturel et, comme le soleil, communiquent
et espanchent leurs franges et rayons ; mais
l'air qui est illuminé de leur rayons est plein
de variétez, et le soleil tantost est couverts

de brouillards, tantost de nués grosses de neige ou de gresle, et parfois le soleil mesme est esclipsé, sans perdre rien pour autant de sa lumière; et dans les cieux mesme, au milieu desquels il est comme le roy, il n'envoit rien de tous costez que variétez d'influence aux estoilles fixes et planètes errantes, aspects et rencontres divers et meslanges nouveaux à tous moments; ainsi l'innocence et vertu des hommes est environnée de variétés qui ne lui peuvent lamais oster les franges d'or, non plus que la lumière peut estre ostée au soleil.

Le soleil se lève et se couche, et la nuict nous le cache dez son coucher iusques à son lever; il en est de mesme en nos familles ou la gloire se lève par nos bonnes actions et se relève par celles de nos enfans, et tousiours autant que la vertu demeure en nos familles, c'est un coucher et lever qui s'entre suyvent, et perpétuent le lustre des bonnes actions; en nostre vie se voyt aussy cette vicissitude extérieure de notre réputation aux yeux du peuple, (et dans les cieux mesmes du gouvernement des estats, le père en ses épistres comparant les trois éléments qui sont par-dessus la terre aux professions nobles compare les conseils d'estats et de justice et ceux de guerre aux Cieux qui les président) (1).

Le glorieux François de Sales explique les franges d'or et variétez avec une compa-raison populaire de la barbe, qui est une frange et ornement du visage ; la barbe at ses racines, dit-il, qui ne sont poinct offen-cées par le ciseaux, ny le rasoir, car elles sont au-dedans, mais l'extérieur de la barbe est à la discrétion des barbiers, renaissant tousiours plus belle et plus espesse à mesure que les barbiers en ostent davantage (2).

Et notre Seigneur, en mots aussy exprès, prédisant à ses disciples comm'ils seront mal traittez et déréputez (3) et tenus pour meschans et criminels, leur dit que pour au-tant ne périrat pas un cheveulx de leur testes, ce que nous voyons clairement, puis-que les cheveux de leur testes, c'est-à-dire leur réputation fleurit par tout le rond de la terre, dez seize cens ans en ça, après avoir esté diffamés durant leur vie.

----

(1) Incompréhensible. Le copiste du manuscrit Chifflet doit avoir commis quelque erreur.
(2) Cette idée souriait à Girardot : on la retrouve en plusieurs de ses écrits, notamment et d'une façon textuelle dans son « Chemin d'honneur. »
(3) Calomniés.

CHAPITRE XII

De la liberté qui se rencontre aux retraittes
dernières

Ceux qui passent au travers du monde
sans en estre, sont libres d'une liberté chrestiaine que nostre maistre appelle sa paix et
son royaume, qui consiste à estre delivrez
de leurs affections ou passions naturelles,
lesquelles bien que utiles et nécessaires,
quand elles sont réglées, sont mauvaises
néantmoins et dangereuses si elles ne le sont
pas ; le commandement qu'ils ont sur elles,
est ce royaume et cette paix ; nous faisons
souvent des retraittes durant nostre voyage
du monde, parce que dans la hantise (1) des
hommes, et au combat avec le monde, nos

---

(1) Fréquentation.

passions ont coustume de se desrégler, et est force de nous retirer du combat, hantises et occasions pour les remettre à l'obéissance nécessaire

Mais en cette dernière retraitte, nous acquérons encore une autre liberté, et sommes délivrez au dehors de deux sortes d'importunitez : l'une est l'importunitez des personnes, de laquelle nous avons dit un mot au chapitre précédent, et l'autre est l'importunité des affaires.

L'importunité des affaires consiste en ce que les affaires sont nos maîtresses et nous obligent par les loix de nos charges de travailler pour elles à toutes heures qu'elles nous en requièrent, car autrement nous sommes comptables des mauvais succès ; nous voyons dans Homère que Jupiter mesme n'avoit pas le pouvoir de prendre le sommeil aux heures que les Dieux et hommes dormoint, pour ce que les grandes affaires l'obligoint à penser à elles ; et bien que dans les retraittes, nous devons aussy travailler ; toutefois il y at une grande différence qui est expliquée par une similitude tirée du corps humain, car comme au corps humain se trouvent les os fermes et solides, les nerfs tantost tendus, tantost laschés et la chair tousiours molle, ainsy aux choses du

devoir de nos charges, qui est comparé aux
os du corps, il ne nous est pas permis de
rien relascher, fleschir, ny perdre un moment
du temps; le travail aux retraittes est comparé aux nerfs tantost lasches, tantost tendus, comme nous dirons cy après, et la conversation ordinaire aux retraittes est cette
chair tousiours molle et hors de toute obligation.

Ceux qui ont practiqués de grandes affaires, scavent combien leurs importunitez
sont faseheuses, desquelles il n'y at pas
moyen de se délivrer que par les soings et
diligences nécessaires qui produisent les
succès heureux; i'ai remarqué aux divises
des princes que toutes les autres estans singulières il y en at une que beaucoup de
braves princes ont porté en ces mots :
Amal victoria curam, que les heureux succès
requièrent de grands soings, et ne sommes
iamais déchargez des succès devant Dieu et
les hommes, quand nous sommes en charges,
si nous n'y avons prins le temps et les soings
et apporté le courage, diligence et prudence
qu'il convient.

En cette sorte, les affaires sont nos mai-
tresses quand nous sommes en charge et
authorités qui ne nous sont données que
pour servir et contribuer aux affaires; mais

aux retraittes, nous sommes maistres des affaires et les voyons rouler sans obligation autre que donner la main au cas d'extrême péril.

L'importunité des hommes n'est pas moindre que celle des affaires, principalement aux provinces, où peu de gens visent au repos public, mais iettent leurs pensées à leur intèrest particulier ; car ceux qui ont en main l'authorité ont à soustenir continuellement un monde de demandeurs qui, tous, songent à leurs demandes et aux moyens d'y parvenir ; et faut que ceux qui commandent leur répondent à tous sans estre préparés.

Les uns qui sont parents ou amys de longue main fondent leurs prétentions sur ce tiltre, qu'ils croyent ne pouvoir estre contredict ; autres y rapportent leur authorité et grandeur de leur naissance ; autres la flatterie et caiolerie ; autres l'importunité, contraignance ; autres la violence et les menaces mesmes.

J'ay veu des personnes principales qui pour ce estoint contraintes de ne donner audience que fort rares ; autres les donnoint d'un visage sévère ; autres les remettoint à leurs confidents, i'en ay veu un au Pays-Bas qui, par régime de ses médecins, se divertissoit l'esprit à l'entrée de chacune audience qu'il donnoit pour ne penser à aucunes choses de celles qui luy estoint proposées.

Nostre maistre dict que ces soings des affaires du siècle estouffent la parole de Dieu, c'est à dire les bonnes pensées que Dieu sème dans nos cœurs et respond aux plaintes que Marthe luy faisoit de Magdelaine, sa sœur, qui estoit desià en cette retraitte dernière, que Marthe prenoit beaucoup de soings et se tormentoit après beaucoup de choses, lesquelles bien qu'elles fussent bonnes, car c'estoit pour le service de luy-mesme, toutefois Magdelaine, sa sœur, avoit bien choisi la meilleure part aux pieds de son maistre.

C'est une doulceur non pareille, après beaucoup de soings et travaux dans le monde, de se trouver libres des choses du dehors et délivrez au dedans des importunités de nos passions, c'est ce que disait David : gouttés en et considérés les douceurs de Dieu !

Quelle proéminence n'at la raison, quand ses passions n'ont plus personnes qui leur donne la main et fomente leur rébellion et qu'elle n'est plus empressée, ny troublée par les choses du dehors et que le bon grain que Dieu sème en elle n'est plus suffocqué; que la raison se trouve cultivée de science,

8

et se pourmène délicieusement dans icelle
sans rencontrer personne qui l'en destache;
que revoyant ses actions passées, elle lict
distinctement feuillet après feuillet dans le
grand livre de son expérience ; que sa veue
n'est plus contrainte de regarder en terre,
ny plus empeschée par les soings qu'elle
avoit sur la testé de regarder le ciel.

Disons que cette douceur et prœéminence
est desia une part et avant goust du ciel.

CHAPITRE XIII

Que nos roys nous donnent de royaux
exemples des retraittes chresliennes

L'empereur Charle cinquiesme, grand
empereur et grand roy, plus travaillé dans
le monde contre les ennemys de Dieu que
prince aucun qui l'ayt précédé, avoit veu
tous ses ennemys à ses pieds et Soliman
mesme fuir devant luy; restoint en France
quelques remuemens pour occuper ses soldats et laisser quelques choses à faire au roy
Philippe, son fils. Il se vit à l'aage de cinquante ans, et lors solennellement à Bruxelles,
ses estats et sa noblesse assemblez, remit la
monarchie d'Espagne au roy, son fils, et
l'empire à Ferdinand, son frère et se retirat
en Espagne, dans un repos chrestien, en un
monastère de St-Hierosme.

C'est chose bien plus noble de donner
que de recepvoir (dict Aristote); il avoit
reçeu l'empire de la main des Electeurs, et
la monarchie d'Espagne de celle de Ferdinand, son ayeul, et luy, à grand peine, au
déclin de son aage, tout couvert de lauriers,
s'en despouillat, et en fit les deux plus riches présens et donations entre vifs, les plus
royales que iamais ayent estés veus sur la
terre ; action incomparablement plus haute
que ses grandeurs, voires plus que toutes
ses victoires et toutes ses actions précé-
dentes; car, en icelles, la fortune prétendoit d'avoir heu quelque part, mais en celle
cy, la seule vertu agit, vainquit et triomphat
de la fortune et de luy mesme victorieux
des autres roys.

Il portoit en sa divise deux colonnes avec
le mot : *plus outre*; les deux colonnes estoint
son empire et sa monarchie, et par le mot de
plus outre il prédisoit qu'il iroit plus avant;
mais les hommes ne l'entendoint pas et
croyoint que ces deux colonnes estoint
celles d'Hercule, Calpe et Abila, outre lesquelles il avoit passé par la conqueste de
l'Inde occidentale ; mais ils ne prenoint pas
garde qu'il portoit ces colonnes coronnées
de deux coronnes, l'une royale et l'autre
impériale et le iour qu'il donnat l'une à son

fils, et l'autre à son frère, il passat plus outre
que ces deux colonnes, qui iusques alors
avoint estées appuyées sur sa valeur et sa
prudence, car il laissat les coronnes aux
siens, et prit son vol à l'immortalité.

Le roy Philippe le prudent, fils de cet
immortel empereur, fit sa retraitte dernière
d'autre sorte, mais non moins royale et
chrestienne que celle de son père, au déclin
de son aage, dans ses prospérités, et à la
veue des richesses que l'Orient et l'Occident
luy envoyoint à l'envy l'un de l'autre.

Il choisit un désert dans les roches et les
bois et y bastit en un lieu eslevé l'esglise et
la maison de S. Laurent, qui est un miracle
de l'artifice en sa simplicité, sans or, ny argent, ny embellissement extérieur. La pro-
portion seulement et uniformité de toutes
les parties d'un si grand bastiment le rendent admirable, le meublement au dedans
n'est que pour l'esglise, sinon que les sciences
y trouvent une bibliotèque de tous poincts
royale. Le bastiment est animé de deux cens
religieux qui chantent les louanges perpétuelles de Dieu et occupent le milieu, où est
l'esglise; à gauche est l'université fournie
de professeurs en toutes sciences et de cens
gentilshommes estudiants, entretenus en
icelle; la droicte est une hospitalerie où sont

receus et deffrayés tous venans, et dans la
mesme solitude se voit la vie champestre au
milieu des bois en sa perfection; et d'une autre part, la vie des artisans de toute sorte en
parfaite police; et les uns d'un costé, et les
autres d'un autre, fournissent cette maison
des présens de la nature et des ouvrages de
l'industrie humaine.

Dans toutes ces merveilles, le roy ne prit
pour sa personne qu'un petit oratoire en-
clavé dans l'esglise et une chambrette der-
rière, moindre de beaucoup et moins commode que celles des religieux, en laquelle il
est mort ; son habit fut de drap noir simple,
son manger sobre, d'une seule viande et
sans appareil; son meublement, le crucifix
et la discipline de l'empereur son père ; et
son occupation, en cette retraitte chres-
tiane, fut la reveue de ses actions passées.

Il s'y considérait comme homme, comme
père et comme roy; et ses considérations,
qui s'estendoint bien loing dans le passé, et
bien avant dans l'advenir, estoint trois grandes
galeries dans lesquelles se promenoit son
esprit ; iamais Roy, en qualité d'homme, ne
descendit plus bas dans l'humilité, ny allu-
mat en son cœur un zèle pareil pour l'honneur de Dieu et de son esglise ; il prit un
soing particulier à eslever au service de Dieu

le roy Philippe le sainct, son fils unique ; et
quand il fut en aage de commencer à régner
le mit en possession de ses estats. Et l'Infante Isabelle, sa fille, fust instruicte et for-
mée de sa main en son conseil restrainct,
laquelle il mariat et luy donnat le Pays-Bas
et la Bourgongne, au mesme temps qu'il donnat ses autres estats au roy, son fils.

En la troizième gallerie, où il se pourme-
noit comme roy, il revit les instructions, et
les actions de l'empereur, son père, et du
roy Ferdinand, son bisayeul, et tournat tous
les feuillets du grand livre de son expérience
propre, de toutes lesquelles pièces il posat
et assemblat les loix perpétuelles de la conservation de sa monarchie : la première
desquelles est la religion catholique et l'o-
béissance au St-Siège, qu'il incorporat et
rendit à iamais inséparables de ses couronnes;
la seconde est la iustice, qu'il at déclaré
estre l'âme de sa monarchie et ces deux
loix, la Religion et la Justice, rochers plus
solides et asseurez que les deux colonnes
d'Hercules, ont esté ceux sur lesquels il at
posé et incorporé la coronne d'Espagne,
coronne à mille fleurons et aussy estendue
en sa rondeur que le rond de la terre est
large, au dessoubs de laquelle se ioûe tout
l'océan du monde, comme il faict au destroict

des colonnes d'Hercules où les vents et les
tempestes pour néant et les deux mers coronnées, ioignent leurs forces.

Et après cet établissement si solide, et
la foy catholique conservée à la France par
ses armes, thrésors et conseils, il donnat la
paix à l'Europe avant que mourir.

Le roy Philippe le Sainct mourut ieune et
le roy nostre maltre, auiourd'huy règnant, (1)
a commencé son règne par le bastiment de
son sépulchre fouy bien bas dans la terre,
soubs le grand autel de St-Laurent, où une
voûte proportionnée en sa rondeur appuyée
sur un grand pillier qui est au milieu co-
ronné tout autour de quantité de ruches qui
sont équidistantes du milieu, et en chacune
ruche sont trois cercueils rangés l'un sur
l'autre, de jaspe noir tout simple, avec le
nom des roys en lettres d'or sans autre épi-
taphe, ny enrichissement.

Il at depuis faict bastir une maison royale
qui est celle où il prend haleine de temps à
autre, après les travaux auxquels il s'oblige
soy mesme, pour la deffence de la religion
catholique et repos de ses subiects, et en la
quelle apparemment il marque sa dernière

---

(1) Philippe IV (1605-1665).

retraitte et repos en sa viellesse, sur les exemples de ses ayeuls et bisayeuls, pour dez là prendre après eux son vol royal à l'immortalité.

Le fut archiduc Albert, qui espousat la serenissime infante Isabelle, fit une retraitte dernière qui allat sur le pas du grand Charle cinquième ; car après le décès des empereurs Rodolphe et Mathias ses frères, tous les royaumes et provinces de la maison d'Austriche luy estant eschus, et la coronne impériale se présentans à luy qui estoit armé et si puissant qu'il donnat tost, après les grands secours qui ont conservé la religion catholique et l'empire, ce généreux prince choisit dans sa maison le dévot et religieux Ferdinand auquel il donnat entre vifs tous les biens de sa maison, les luy conservat par ses armes, et luy conquit l'empire.

La sage infante, après la mort de ce prince fit sa retraitte dans un monastère par elle basty, du tier ordre de St-François, et en espousat l'habit et la règle, remettant les Pays-Bas et la Bourgogne au roy Philippe le sainct son frère et ce saint roy refusant d'en accepter la remise, elle fit un royal accord en ce différend d'honneur et de respect que fut un partage en deux parts de la coronne qu'elle jouissait sur tant de belles provinces, en laquelle estoit l'or de la souveraineté et les espines du gouvernement : elle mit l'or d'un côté et les espines de l'autre, et après ces deux parts faictes, prit la première, retient les espines à son partage et renvoya la couronne d'or au Roy.

Enfin, l'empereur Ferdinand, duquel la vie a estée toute de retraitte aux pieds du crucifix, quand il se vit iouissant de ses estats, et la paix a son empire, son aage déclinant, assemblat les électeurs à Ratisbonne, remit le tout au Roy d'Hongrie son fils (1) et après cette auguste remise et embrassement derniers à son fils et aux électeurs, sortit de ce monde, sans autre retardement que du temps qu'il luy fallut pour aller mourir à Vienne, en sa maison, au pied de son crucifix.

---

(1) 1637.

CHAPITRE XIV

De l'humilité et anéantissement de soy mesme
dans les retraittes

Ce n'est pas merveille si les personnes
communes, voyans approcher le temps de
la mort, rentrent en elles mesmes, et en la
reveuë de leurs actions passées, trouvent de
quoy s'humilier, mais les grands roys, au
milieu des respects et des adorations de leurs
peuples, qui ne peuvent tenir aucune porte
ouverte dans leur palais par laquelle la vérité entre, que les grands roys rencontrent
cette vérité, et reçoivent de bonne part,
comme David fit de la bouche de Nathan,
les accusations qu'elle forme par devant eux
contre eux mesmes et se rendent, et con-
fessent criminels aux pieds de son tribunal,
c'est un ouvrage de Dieu.

Encore y at-il en David quelque chose de moins, car l'adultère, et le massacre
d'Urie firent resveiller sa conscience par les
paroles du prophéte Nathan ; mais les Sgrs
roys comme les nostre, de qui les actions et
intentions ont tousiours estées droictes, et à
qui la conscience ne reproche rien, qu'ils
ailent chercher de la lumière au plein jour
de leur prospérité pour visiter en tous les
recoins de leur vie s'il y at rien à nettoyer,
et se condamnent eux-mesmes devant Dieu,
c'est une merveille sur la terre.

Qui est celuy qui at monté bien haut, dit
l'escripture, est-ce pas celuy qui at descen-
du bien bas ? C'est nostre maistre qui est le
modelle et exemplaire de nos grands roys ;
il advertit à diverses fois ses disciples, que
le plus bas et le plus petit entre eux seroit le
plus haut, et qu'ils ne pouvaient rien espè-
rer dans le ciel, s'ils ne se réduisoint aussy
bas en terre que les petits enfans qu'il prit
par la main et leur produisit pour symbole
d'humilité ; et luy, leur maistre, se mit incomparablement plus bas sous les pieds de
ses disciples, et soubs ceux de Judas et
d'un mesme pas allat descendre sous l'infamie du gibet et plus bas que le gibet et l'infamie dans l'enfer ; et s'il eust esté possible
de descendre plus bas il l'eust faict.

Cette science est incongnüe à l'arraisonnement humain ; mais elle est conneüe aux
gens de bien par la doctrine et l'exemple de
nostre maistre, et par celuy de nos roys, et
par l'expérience de tous les siècles chrestiains ; les payens ont trouvés dans les ca-
binets des vertus morales que ce n'estoit
pas une petite action de se scavoir bien cacher soubs le mespris, et que pour monter à
la gloire, il falloit se desmarcher en arrière (1), mais ils n'ont jamais bien enten-
dus cette démarche, pour ce qu'ils n'entendoint pas la gloire, et ne la prenoint pas plus
haut que la renommée, et la réputation entre les hommes vivans qu'ils continuoint encore en l'autre vie entre les esprits ;
et moins entendoint ils l'hnmilité compagne
de la gloire. Nous à qui nostre maistre et
nos roys l'apprennent, taschons de nons
conformer à eux et en cette conformité consiste la perfection sur la terre.

C'est quelque chose à un homme de bien
de se despouiller de son authorité comme
nostre Sgr. fit de ses habits, lorsqu'il voulut
laver les pieds à ses disciples, mais de se
voir dans le mespris et soubs les pieds des
hommes, et que plus est, soubs les pieds des

---

(1) Reculer.

meschans et de nos ennemys, comm'il se vit,
et ne s'en poinct esmouvoir, mesme leur faire
du bien en mesme temps, comm'il fit à Judas, c'est la science du ciel et non pas celle
des hommes ; estre dénigré et diffamé comme
criminel, mis en dérision devant le peuple et
les princes, comme il fut, mocqué et
huppé (1) comme imposteur dans le gibet et
le supplice sont des grandeurs aux yeux de
Dieu, et le personnage de l'homme parfaict
bien ioué sur le théâtre de la terre duquel le
ciel est spectateur.

Philippe second l'alloit imitant quand la
flotte envoyée pour arracher l'hœrésie de
l'Angleterre fut dissipée par les vents avec
huée et mocquerie de tous les hérétiques (2) ;
on ne vit en luy impatience ny émotion aucune, pour ce qu'il ne regardait pas les hommes, mais les spctateurs du ciel qui applau-
dissoint à la soubmission et constance royale,
et quand, dans son humilité basse, luy survint un anéantissement de son corps, auquel
ne restérent plus que les lèvres autour des
dens et la peau sur les os, non peau entière,
mais plus d'ulcères que de peau, et ses ulcères plus vils que ceux de Job mesme, on

---

(1) Hué.
(2) L'invincible Armada.

ne vit iamais en sa bouche, ny en ses yeux, que paroles des louanges à Dieu, et douceurs d'une ame contente qui se considérait regardée par ses braves spectateurs du ciel qui luy promettoint un vol aussy haut que sa descente estoit basse.

Mais pour ne point équivoquer et tomber indiscrètement dans un mauvais mespris, nostre maistre nous monstre quand et en quel cas cet anéantissement nous devons soubstenir et travailler pour nostre honneur, car sur le faict de la trahison de Judas il ne se taisat pas, mais le signifiat à ses disciples, en la présence de Judas, et l'advertit de se retirer ; il ne s'esmeut point contre le mesme Judas et la troupe armée que Judas amenat pour le prendre, mais il dict à Saint-Pierre qui vouloit se déffendre à coups d'espée, qu'il avoit des armées d'anges qui l'eussent servis s'il eust voulu ; toutes les accusations, les crachats, le fouet et les espines ne firent sortir plaincte aucune, ny déffence de sa bouche, mais quand on luy dict qu'il perdoit le respect au pontife, il repartit à l'accusateur.

C'est un grand discours pour desmesler les cas ausquels nous sommes obligez d'advertir des trahisons, rasseurer les gens de bien, et ne poinct laisser passer en force de

chose jugée, l'imputation des crimes comme
celuy de manquement de respect au pontife ;
ces poincts très importans sont desmeslez
ailleurs (1) ; c'est assez de dire icy que l'a-
néantissement que nous faisons de nous
mesmes s'entent devant Dieu ; et les es-
pricts bienheureux, et les gens de bien qui
sont sur la terre, de laquelle les meschans
sont ordures et nous importe aussy peu
quelle opinion qu'elles ayent de nous,
comme peu nous nous soucions quelle réputation nous avons dans l'enfer sinon que ce
seroit infamie et suject de soupçon contre
les gens de bien s'ils estoint en bonne opinion entre les meschans ; et qui veut estre
amy du monde est faict en mesme instant
ennemy de Dieu.

Nous devons, et sommes obligez de conserver notre réputation, c'est-à-dire empescher que les gens de bien ne conçoivent
mauvaise opinion de nous ; voires debvons
empêcher que les gens de bien ne conçoivent mauvaise opinion l'un de l'autre, et
nous entre secourir et nous laver les ordures des pieds, c'est-à-dire, nettoyer les
blasmes que gens de la terre iettent sur

_____

(1) Dans son *Oratorium matulinum*.

nous a couleur de nos imperfections repré-
sentées par nos pieds.

Mais quels blasmes devons nous laver
sont, en un mot, ceux qui s'attachant et
prennent pieds ; que tous les meschans
criaillent contre nous, deschirent et déni-
grent, ce n'est rien ; mais s'ils circonvien-
nent nos princes ou leurs ministres, la iustice ou les prélats, et par leurs artifices dam-
nables font sortir des diffamations qui portent le nom ou l'adveu de nos supérieurs,
que les trompettes et les pyramides facent
scavoir de leur part à tout le monde et à la
postérité que nous sommes criminels, nous
sommes obligez en ce cas de parler, et nous
deffendre, à peine d'estre homicidiaires de
nostre réputation ; car nostre silence seroit
mortel, et nous homicides de nostre honneur comme nous serions de nostre corps,
si nous le laissions exténuer, et périr par négligence de le sustenter.

Il ne faut pas pour autant s'empresser,
ny troubler nostre repos intérieur ; c'est assez que nous tesmoignions par quelque
acte extérieur, que nostre silence n'est pas
un adveu du crime imputé et avec cet acte
de non préjudice laissions passer la bouras-
que et la nuict pour longue qu'elle soit,
après laquelle nous voyons lever nostre au-

rore, et apparaissent en nostre terre les
fleurs et fruicts de nostre patience comme
dit l'Espoux, aux *Cantiques.*

Les jésuittes, très innocent de l'attentat
commis sur la personne du roy Henry quat-
trième, furent bannis de France et une pyramide dressée pour rendre leur mémoire
damnable ; ils se retirèrent sans bruict et
cédèrent à la tempeste, après avoir pris leur
acte de non préiudice ; la tempeste durat
quelques années, après lesquelles le mesme
parlement qui les avoit banny et faict dresser la pyramide contre eux, connoissant
l'erreur entrevenue, fit gloire de les rappeler et abbattre cette pyramide, et le roy les
voulut avoir auprès de sa personne (1).

(1) Expulsés en 1595, les Jésuites furent rappe-
lés en 1603.

CHAPITRE XV

Des trois galleries où se doivent promener nos esprits en nos retraittes

Voilà comme l'anéantissement de nous-
mesmes se doibt entendre : que nous nous
anéantissions devant Dieu et les gens de
bien qui sont au ciel et en la terre; mais
non pas devant les meschans et ennemys de
Dieu, sinon durant la tempeste et les bour-
rasques et les ténèbres de la nuict, qu'il faut
laisser passer et attendre le iour et l'air
serain. Les Espagnols, ces derniers iours,
au secours de Fontarabie (1), eurent cinq iours
de rude tempeste et inondation dans leur
camp; ils envoyèrent leurs troupes se

---

(1) En 1638, où le prince de Condé et l'arche
vêque de Bordeaux l'assiégèrent vainement.

mettre à couvert, et se contentèrent de garder quelques postes advantageux pour ne
les perdre ; la tempeste cessat le sixième
iour, et lors ils rappelèrent leurs troupes,
et le septième, combattirent, secoururent
les assiégez et deffirent l'armée françoise ;
c'est ainsy qu'il nous faut faire.

Nous avons dict cy devant que le roy
Philippe second, en sa retraitte dernière,
avoit trois galleries ausquelles il promenoit
son esprit ; en l'une, il faisoit la reveüe, en
qualité d'homme, de sa vie passée ; en la seconde, comme père, il pensoit à ses enfans;
et en la troisième, il faisoit la reveüe de sa
monarchie ; ces trois galeries conformes
aux trois parties du monde de la morale
éticque, œconomique et politicque et aux
devoirs que nous avons à nous-mesmes, à
nos enfans et à nos pères et mères, ie dis
nous autres qui sommes soubs la domination
et au service de nos roys, car, par nos pères
et mères, i'entend le roy et nostre patrie :
les politicques disent que les princes sont
les marys et les provinces leurs femmes,
comme entre eux nous sommes leurs enfans
qui contribuons de nostre travail à leur service
et sommes conservés, sustentés et pourveus
par eux, et c'est en la troisième galerie que
nous nous promenons dans leur intèrest, et

en la seconde nous pourvoyons à nos enfans, et en la première à nous-mesmes.

Pour entrer en cette première galerie de nous-mesmes, il faut dessendre par l'abandonnement de tout ce que nous ce qui nous empresse et anéantissement entier, desquels nous venons de parler; car cette première galerie est fort basse; en sorte que l'un des bouts d'icelle, par laquelle autrefois nous y sommes entrés venans au monde, est tout prest du néant et l'autre par lequel nous devons sortir, abboutit soubs la terre.

Nous y entrons par la porte de la vieillesse bien prochaine de la sortie, voyons en arrière une longue estendüe de toutes nos actions passées; au devant est la sortie de ce monde, le précipice de l'enfer, et le ciel, et plus d'espoir de retour; il faut estre privé de tout iugement pour ne penser à soy, quand nous sommes si près du précipice et que plus est, la descente de cette gallerie, du costé de la sortie, est si roide, et glissante que le poid de nos corps nous emporte sans estre possible de nous arrester, et beaucoup moins de remonter et tourner en arrière, sinon avec l'esprit et la veüe.

Nous voyons par la grande porte de la mort l'estendüe infinie de l'éternité, les horribles précipices des abysmes, et toutes nos fautes passées viennent roulans sur nous, et s'amassent comme un grand fardeau qui nous pousse et précipite, et ce peu de distance que nous avons iusques à la mort, est l e temps qui nous reste pour anéantir, ou diminuer ce grand fardeau des debtes par les remèdes et moyens que Dieu nous at donné en ce peu d'espace et chemin glissant.

Que si les debts ne sont pas grandes, chose bien rare à ceux qui ont roulé longtemps dans le monde, tousiours pour peu qu'il y en ayt nous empeschent elles de voler au ciel, quand ores (1) nos bonnes actions seroint en si grand nombre qu'elles nous auroint fourny des aisles pour voler, car ces pesanteurs empescheroint nostre vol, et on n'entre point au ciel avec debtes ; c'est icy qu'il les faut payer et nous en descharger.

Et puisqu'il les faut une fois payer, il est bien mieux de les payer icy que d'attendre l'autre vie, ou nous n'avons rien pour payer, que les ausmosnes que l'esglise nous envoye et ou, faute de moyens, nous payons chèrement au corps, c'est à dire en nos personnes.

Car dez l'instant que la mort nous a sillé (2)

----

(1) Dans le sens de *même.*
(2) Fermé ; le contraire de dessillé.

les yeux, pour gens de bien que nous ayons
estés, si nos debtes n'ont pas estées par
nous acquittées, nous trouvons la iustice de
Dieu très équitable mais sévère créancière,
comme ceux qui ont passé ce pas nous font
tous les iours entendre ; et ie suis souvenant
que dame Anne Nicole Dandelot (1), quelques semaines avant sa mort, me tesmoignat
l'appréhension en laquelle elle estoit de ce
payement qu'elle auroit à faire, bien que sa
vie eust estée toute pure et sa pœnitence de
plus de cinquantes ans.

Nous nous entretinmes quelques heures
sur ce discours et elle, peu de iours après,
me légat par son codicille, une pièce en re-
lief, principale de son oratoire, qui repré-
sentoit nostre maistre flagellé et les mains
liées à la colonne, qui m'expliquat ce que
largement elle m'avoit discouru du payement
de nos debtes en ce monde ; elle les avoit
généreusement payés : car iamais personne
ne s'humiliat, ny mit plus bas qu'elle, avec
une bienséance néantmoins qui la faisoit connoistre telle qu'elle estoit.

Et si elle macéroit son corps d'un costé,
Dieu luy donnoit de l'autre en l'esprit de
quoy payer plus grandes debtes que les

_____

(1) Voir plus haut, chapitre II.

siennes; nous avons, disoit elle, de quoy
payer, car nos monnoyes sont recues à haut
prix au tribunal de Dieu ; les mespris et les
violences des gens du siècle sont coups de
fouet à nos âmes et les incommodités qui
suivent la viellesse sont chastimens au corps ;
et ces monnoyes, si nous les présentons à
nostre maistre, il y applique son coin qui
leur donne cours à prix bien plus haut que
leur alloy.

Et c'est merveille, disoit-elle, de sa bonté
que ces monnoyes marquées à sa marque,
font icy deux effects ensemble, l'un de payement et l'autre de mérite, quand nous sommes en grâce, au lieu qu'en l'autre vie, ny
at plus de mérite, et les peines qu'on y en-
dure ne sont recues que pour billon, et autant qu'elles vaillent.

CHAPITRE XVI

De nos familles; comme nous travaillons
pour elles en nos retrailles

La seconde allée de nostre solitude est celle de nostre famille, en laquelle nous estudions à connoistre les esprits, inclinations et aptitudes naturelles de nos enfans, pour selon icelles les destiner et eslever à une profession, soit pour l'esglise, les armes, ou les lettres, ou pour une quatriesme bien connue en ce pays par nos devanciers qui est celle de police (1), en laquelle estoint nourris et instruicts aux maisons de l'ancienne noblesse, ceux qui s'en trouvoint capables, et s'y sont rencontrés de très grands personnages de nostre nation.

---

(1) Politique. Diplomatie.

Le maintien et durée des familles ne consiste pas aux grands biens ; car pour grands qu'ils soient, s'il n'y at qu'un fils, il se desmesure et demeure dans l'oysiveté mère de tous les vices et les vices pères de l'indigence ; et s'il y at pluralité d'enfans, pour riche que soit le père, tous les enfans sont pauvres, après que le partage de ses biens n'esté faict entre eux ; car si le père possède, par exemple, douze mille livres de rente et laisse quatre fils, chacun des fils est réduict à trois mille, qui est pauvreté au respect de la maison de laquelle il est né (1).

C'est en l'éducation des enfans que consiste le maintien des maisons ; et nos maisons sont tousiours assez riches s'ils sont bien eslevés ; c'est la source d'eau vive de laquelle parlent les Saintes Ecritures, qui est bien plus asseurée que l'amas des cisternes qui coulent bien souvent ou se dissipent ou desseichent. Cette éducation des enfans est un ouvrage principal de la viellesse des pères qui prennent plaisir d'inspirer et faire hériter à leurs enfants ce que l'estude et la praticque leur ont appris; et s'ils sont

_____

(1) Voir le « Chemin d'honneur », ou Girardot a déjà traité cette question d'une manière un peu plus étendue.

trop petits, les maistres bien choisis sont
comme les nourrices ausquelles on faict
manger les viandes solides pour faire puis
après tetter en laict aux enfans ; les mères
sages participent à ces instructions; et les
exemples de plusieurs bonnes maisons de ce
pays nous ont faict veoir que les braves
mères se font telles par la conversation et
exemples des maris ; et, en leur viduité, font
les braves enfans desquels la république
leur est débitrice, et obligée.

Mais cette éducation de la main d'un
père qui est dans les charges publiques,
principalement de iustice ou de guerre, demande retraitte en sa maison ; car les charges de iustice requièrent soing de toutes
heures et tout entier ; que s'il veut faire les
deux, il ne réussit ny à l'un ny à l'autre, et
perd ses enfans et soy mesme.

C'est un anciain dire que : les enfans des
héros et grands personnages sont gens de
peu, parce que ces braves pères demeurants
tout entiers dans le soin et service public com-
mettent leurs enfans à personnes estrangères
qui n'ont pas le soing qu'il convient avoir et
cherchent à gaigner la faveur des pères, sur
laquelle ils vont bastissants leur fortune particulière, flattent les enfans, et conviennent
à leurs mauvaises inclinations.

Ainsy l'éducation de nos enfans estant la chose de toutes la plus importante après nostre propre salut, un homme prudent se garderat bien de la confier à autre qu'à soy mesme, si Dieu luy donne assez de vie pour y entendre ; et quand il n'y apporteroit que les premiers commancemens, sont bien les principaux qui donnent laurs fruicts en leur temps.

Nous avons un malheur en ce pays, qu'après la mort de ceux qui sont en charges, leurs vefves et enfans sont bien peu considérez ; car comme le vice de nostre nation est l'amour propre et intèrest particulier, c'est notre fortune, et non pas nous qui sommes honorez ; et s'ensevelissant nostre fortune avec nous, tous les oyseaux de fortune volent ailleurs, et abbandonnent les nostres durant l'hyver.

Un homme qui ne relève rien de la fortune et luy remet de bonne heure ce qui luy appartient, qui est l'authorité et esclat de ses charges, demeure subsistant par les choses que luy sont propres, car la prœéminence dans le monde est triple : celle de la naissance, celle des charges et celle du mérite ; et après la remise des charges, les autres deux prœéminences luy demeurent, s'il les at, et l'honneur de la naissance noble

passe aux enfans, voires le mérite mesme et la
vertu du père par le lustre qu'elle leur donne.

C'est un coup de partie (1) qui peut mettre
la maison durant sa vie en l'estat qu'elle
doibt estre après sa mort, et escarter tous
les oyseaux de fortune, par l'escart de la
fortune mesme, en sorte que rien ne reste à
nos enfans que les vrays et solides amys et
les choses qui ne périssent point par la mort
des pères.

Il est bien plus aisé à une femme de sup-
porter un petit changement, (son mary vivant qui at l'expérience et la réputation entière), que de veoir le deuil de son vefvage
accreu par le mespris et abbandonnement
d'amys ; elle tombe en ses deux précipices
quand le mary et sa fortune meurent ensemble, au lieu que quand le mary vivant la
met au point qu'elle devrat estre après sa
mort, elle entre et marche de plein pied au
nouvel estat de la viduité.

Les pères bien advisez font aussy de leur
vivant les partages à leurs enfans et si les
enfans sont en aage et estat de les gouverner,
ils les mettent en possession d'iceux, affin de

---

(1) Nous dirions aujourd'hui de *fortune* et nous
rétablirions ainsi la phrase pour la rendre plus
claire : Celui-là fait un coup de fortune qui
peut.....

retrancher tout débat entre eux après le décès de leurs pères ; que s'ils ne sont pas en aage, on aiuste pour le moins les partages à loysir, à mesure qu'on vat descouvrant l'esprit et portée des enfans.

Ce n'est rien d'estre riche, car souvent les plus riches vivent incommodément ; mais estre commode en ses biens, les avoir à sa main, estre honestement logé, lever ses revenus sans empressement, estre sans procès ny intrigues d'affaires, c'est la douceur que nous pouvons laisser à nos enfans et qui demande la main d'un père desocupé.

Nous devons ce soin et travail de père à nos enfans ; nostre maistre dict à un ieune homme qui prétendoit de le suivre, qu'il deust premièrement donner son bien aux pauvres, et après cette donation, seroit en estat d'entrer à sa suitte ; nos plus plus prochains pauvres, et plus recommandés à nous autres qui sommes dans le mariage, sont nos enfans ; nous devons aux autres pauvres tout le superflux que nous possédons par dessus l'entretien nécessaire à nostre condition, et ce superflux, si nous le gardons, c'est la monnaye de l'iniquité, pour ce qu'elle nous acquiert l'oysiveté et est cause productrice des vices ; mais à nos enfans, nous devons nostre patrimoine, et tout ce que nous

avons acquis légitimement, et ny a rien si
pauvres que nos enfans ieunes, car ils n'ont
rien du tout.

Que s'ils sont pauvres des biens du corps,
encore le sont ils plus des biens de l'esprit,
ausquels consiste la richesse plus solide des
hommes ; les principales actions de nostre
vie sont la première éducation, dont dépen-
dent les autres deux ; et cette éducation
première est l'ouvrage des pères en aage
meur et desocupé ; que s'ils meurent plus
ieunes, c'est l'occupation des sages mères
en leur vefvage, qui sont faittes telles de la
main de leurs marys ; c'est pourquoi aux
maisons de condition moyenne, c'est une
prudente instruction de ne se point marier
qu'en aage meur et prendre des femmes de
bonne maison, bien eslevées, ieunes, et de
moyens médiocres, affin que dez le commencement du mariage, les marys soint capables
de les instruire et elles d'estre instruictes,
qu'elles puissent survivre longtemps leurs
marys pour le bien de leurs enfans, et qu'elles
se conservent en viduité, comme il est aisé
à celles qui ont le cœur bon, et en tout cas
elles ne soint recherchées que par gens de
mérite, qui n'abbayent (1) pas après les biens.

----

(1) Aboient.

CHAPITRE XVII

Des affaires publicques

La troisième galerie, où se promènent nos esprits en nos dernières retraittes, est la principale des trois ; car en la première, nous sommes obligez à nous mesmes, et en la seconde à nos femmes et à nos enfans ; mais en la troisième, qui regarde le roy et la patrie, nous sommes obligez à nous mesmes, à nos enfans, et à tout le reste de nos parens, amys, et gens de bien. Et comme dans un navire qui coule au fond, tous ne périssent pas moins pour périr en compagnie que si chacun périssoit seul, ainsy, si nostre patrie périt par l'entrée de l'hœrésie, le bannissement de la iustice et la perte de nos libertez, nous périssons tous et nos familles au naufrage commun.

Mais comme pouvons nous secourir après
avoir abbandonné les resnes du gouvernement, comme nous mesler du public dans la
vie privée ? abbaissez et anéantis, est ce pas
se relever et rehausser sur les autres, est-ce
pas faire comme la femme de Loth, qui
tornat visage contre Sodome après s'en
estre retirée et fut changée en statüe de
sel ? C'est en esprit et non en corps que
nous entrons en cette gallerie, en laquelle la
fortune et le monde n'entrent iamais, et avec
nous n'entrent pas mesmes nos passions,
puis' je nous les avons despouillés; le zèle
de l'honneur de Dieu, le service du roy et
l'amour de nostre patrie sont ceux qui nous
y accompagnent, qui ne peuvent iamais estre
mauvais conseilliers quand ils se tiennent
par la main et marchent les trois ensemble.

Nostre maistre nous commande de veiller
et prier pour ce, dit il, que nostre esprit est
prompt, mais la chair est infirme, et c'est
pourquoy nous nous retirons dans la solitude, quand la viellesse et l'indisposition du
corps nous y contraignent ; l'esprit seul y
travaille qui est prompt, et se promène dans
cette grande allée des choses passées et de
celles advenir, où il veille et prie tout ensemble, comme notre maistre nous commande ; la prière est mise la dernière, et la

veille devant, pour ce que, si nous sommes endormis comme furent les disciples en la solitude du jardin, nous ne pouvons prier, et quand nous pourions prier, les prières des hommes endormis qui ne mettent pas la main à l'œuvre ne sont pas recues de Dieu. Ceux qui ont les esprits prompts et les corps infirmes mettent la main à l'œuvre quand ils travaillent de l'esprit.

Il faut donc mettre la main à l'œuvre et travailler de l'esprit en nos retraittes dernières ; quand et comment, nous le dirons cy après ; c'est assez de noter icy que ce fut en la solitude, après avoir tiré ses disciples hors de la cité, que nostre maistre leur commandat de veiller et prier, que ce fut durant la nuict, et à l'heure que leurs ennemys marchoint contre eux et estoint en extrême peur, aussy furent ils au mesme instant tous mis en route par leur endormissement ; et par leur route, l'esglise de Dieu fut réduite aux abbois et eust péris, si le maistre n'eust veillé et prié pour elle ; il recommençat sa prière iusques à trois fois, comme ses disciples (en la solitude) estoint trois, et à chacune fois les vint esveiller.

C'est à dire qu'il nous faut veiller et prier pour nous et pour les autres dans nos solitudes et dernières retraittes, quand nous voyons la nuict de confusion sur la terre, l'ennemy approcher et nostre patrie en péril.

Nous sommes obligez de veiller, c'est à dire de travailler iusques à la dernière période de nostre vie, pour le moins de l'esprit si le corps est infirme et ne pouvons iamais estre dispensés de travail pour ce qu'il est de droict divin et de droict naturel, commandé en la loy escripte, et le commandement redoublé en la loy de grâce.

Il est de droict divin par le premier édict publié sur la terre de la bouche de Dieu mesme, par lequel fut ordonné à tous les hommes de manger leur pain à la sueur de leur visage; il est de droict de nature : les loix de laquelle nous apprennent que l'oysiveté est mère de tous les vices.

En la loy escripte, nous est enioinct, au premier chapitre, d'aymer Dieu, non seulement de tout nostre esprit et tout nostre cœur, mais aussy de toutes nos forces.

En la loy de grace, nous est deffendu de cacher soubs la terre le talent que Dieu nous at donné, ny de mettre la lumière soubs le boisseau, et est commandé au contraire de la poser sur le chandelier, et nous voyons un arrest de Dieu, solennel, qui condamne aux torments éternels ceux qui ont de quoy et le retiennent dans leurs coffres, sans l'es-

largir aux pauvres : par lesquelles loixs de
Dieu, tous ceux ausquels il at donné du talent, de la lumière et des richesses d'esprit
sont obligés de faire profiter à Dieu leur
talent, d'esclairer les provinces et distribuer
les trésors de science et d'expérience qu'ils
ont pour la conservation et sustentation des
pauvres peuples.

CHAPITRE XVIII

Quels services se peuvent rendre dans les retraittes dernières

J'ay dis cy dessus que les bons serviteurs des roys, après leurs longs et fidels travaux dans le monde, portent en leurs retraittes la science et l'expérience et les vertus qu'ils ont acquises ; car ces richesses sont en nos âmes qualités perfectives sur lesquelles la fortune et les maladies, ny la mort mesme, n'ont aucun pouvoir et passent avec nous en l'autre vie, immortelles comme nos âmes, et en la solitude des retraittes sont nos riches thrésors, et nos fidelles compagnes.

C'est une merveille que la mémoire, troisième faculté de nostre âme, qui tient ses magazins en une espace si petit, y loge distinctement et sans confusion plusieurs sciences ensemble ; et autant de fois qu'il nous

plait faire entrer nostre entendement dans ce
petit arsenal, il s'y promène les heures et
les iours entiers, et y rencontre les dé-
monstrations de philosophie et mathémati-
que, les dispositions des loixs, les merveilles
de la théologie, tous les empires qui ont estés
sur la terre et n'y sont plus, et ce que les
siècles passées et celuy auquel nous vivons
ont portez de mémorable, bon et mauvais ;
c'est une belle gallerie bien estendue et bien
ornée, et en laquelle nous avons de quoy
nous occuper innocemment et utilement
pour le public, et ou personne ne nous trou-
ble, si nous faisons demeurer nos passions
hors la porte ; c'est ainsy que l'esprit trouve
des grandes estendues en un petit espace,
et des magazins et thrésors invisibles aux
yeux des hommes, desquels il se sert pour
le service de son roy et repos de sa patrie,
quand il voit le péril commun.

Mais comment appercoit-il ce péril commun dans ces promenoirs invisibles et secrets et hors du commerce des hommes ?
car si bien il voit les choses passées, s'y ny
trouve-il pas les choses présentes, et beaucoup moins celles advenir ; il s'est esloigné
des conseils et des affaires, et est ensevely
sous le mespris, et les ruines de la fortune.
Dieu ne luy révèle pas les dessains secrets

de l'ennemy de sa patrie, ny les coniura-
tions et intentions mauvaises de ceux qui
cherchent les nouveautés et respirent les
douceurs du libertinage.

J'ay dis que durant les retraittes nous
avons pour spectateurs de nos actions toute
la cour du ciel et les gens de bien sur la
terre, qu'il nous importe peu de tous les autres, pourvu que ceux cy soient contents de
nous, et en cette sorte, c'est un fondement
establis dans les retraittes que nous y devons conserver l'amitié et correspondance
des gens de bien qui sont encore dans le
combat, et maniement des affaires publiques,
lesquels nous connoissons par leurs actions,
comme les arbres sont conneus par les fruits
qu'ils portent ; mais en nos retraittes nous
les connoissons encore plus certainement
quand leur amitié demeure constante, pour
ce que les gens de fortune sont oyseaux
passagers qui ne demeurent pas avec nous
quand l'hyver vient.

La correspondance des gens de bien, fidels
serviteurs du roi, qui sont dans la presse et
le combat, nous apprent les choses présentes, sur lesquelles nous formons nos iuge-
mens dans la galerie des choses passées pour
leur prédire et marquer l'advenir et leur
donner des advis salutaires.

Tous ceux qui se meslent du gouvernement public, soit en paix ou guerre, n'at-
tendent pas que leurs ennemys leur viennent
tomber sur les bras, et leur est bien difficile
de descouvrir leur intention, quelque intel-
ligences qu'ils puissent avoir dans leurs conseils, outre que telle intelligence ne pouvant
estre que de gens infidèles à leur roys sont
bien suspectes et dangereuses ; la praticque
du fut marquis Spinola (1) et du comte
Mauris son adversaire, estoit de faire chacun de son costé un plan des forces et intérest du party ennemy, et des esprits et
inclinations des chefs et une reveüe bien
particulière des deffaus, et faiblesses de
leur party propre, et sur ce plan, auquel ils
ne se flattoint point, consideroint, chacun de
son costé, ce que son ennemy pourroit entreprendre, et voyoint bien tost son pis aller.

Après cette prévoyance, il ne leur estoit

---

(1) Ambroise, Marquis de Spinola, né à Gênes
en 1571, entra au service du roi d'Espagne, leva
à ses frais 9.000 hommes et alla à Gand, auprès
de l'archiduc Albert. Il fut un des plus grands
capitaines de son temps et aussi habile dans les
négociations politiques qu'en stratégie, chose rare.
(2) Maurice de Nassau, stattouder de Hollande,
né à la Haye en 1567, adversaire d'abord heureux des Espagnols, battu enfin par Spinola, ce
qui hâta sa mort arrivée en 1625.

besoing d'autre chose que de veoir les pré-
paratifs et mouvemens de leur ennemy, car
luy voyant enfiller cnemin, ils connoissoint
à l'instant le but auqnel il tendoit, et en cette
sorte estoint rarement surpris.

Autant en font en toutes affaires publicques les hommes iudicieux ; c'est ce que l'on
dit des espagnols qu'ils vont tousiours cherchant dans l'advenir, et y entrent par les
portes du passé et du présent, car qui faict
bien le plan des choses présentes trouve
facilement l'advenir dans la galerie des choses passées.

Nostre maistre dit à ses disciples, quand
il les envoyat dans le monde, soyez prudens
et prévoyans comme les serpens, et puis
après simples comme les colombes ; c'est-à-
dire : examinez et prévoyés prudemment
tout ce que peut estre entrepris contre vous,
et après que vous l'aurés préveus, vous vous
en desmèlerés bien aysément sans vous servir d'aucun mauvais artifice, mais avec une
iuste, et facile deffence, et naifve simplicité.
C'est ainsy que les Espagnols auiourd'huy,
et les Romains devant eux, ont tousiours
vaincus leur ennemy, prévoyans de loing et
pénétrans dans l'advenir, et par l'exécution
de leur résolution n'ont iamais faucé leur foy
ny donné place à l'iniustice.

Nous voyons donc les affaires présentes
dès les solitudes par les yeux des gens de
bien qui sont en la presse, et avons le moyen
de faire nostre plan à l'espagnole, comme
faisoint ces deux grands capitaines, lequel
plan nous portons dans la galerie de l'expérience des choses passées, en laquelle nous
mettans en la place de nos ennemys, nous
avons tantost recongneus ce qu'ils peuvent
faire; et bien tost après par leurs prépa-
ratifs ce qu'ils entreprendront, et donnons
sur ce nos advis.

Le mal est que ceux qui sont dans la
presse des affaires ne font pas le chemin
que nous faisons et ne voyent pas ce que
nous voyons : si que (1) nos advis leur
semble aucune fois des idées platonicques,
il y at sans doute bien souvent de la difficulté de les leur faire bien entendre.

L'une des perfections du Conseil d'Espagne, est qu'il est composé de seigneurs
qui ont esté vice roys, ambassadeurs, géné-
raulx d'armée, et sont comme en retraittes,
auprès du Roy, pour le conseiller sur les
advis des choses présentes, qui luy arrivent
de tout costés, sur lesquelles ils feuillettent

_____

(1) A tel point que,

les livres de leur expérience, et le roy, qui estudie avec eux en ces beaux livres, voit enfin de tout costez tomber ses ennemys à ses pieds.

———

CHAPITRE XIX

En quel cas nous sommes obligez de faire
sortie de nos retraittes pour secourir le
public

Nous sommes obligez en nos retraittes de
donner advis à nos gouverneurs quand les
choses sont en péril, sans attendre qu'il nous
les demandent, comme cet aveugle Appius
se fit porter dans le Sénat (sans y estre mandé) pour donner son advis contre Pirrhus ;
et si le péril est extrême, il n'y at ny vieillesse,
ny indisposition qui nous exemptent d'y accourir, car les morts mesmes qui sont dans
les cercueils des religions (1) sont obligez d'y
apporter leur aydes, et après le péril retour-

---

(1) Ordres religieux.

nent à leurs tombeaux, et nous à nos solitudes.

Rien ne nous en excuse ; à grande peine
l'impossibilité mesme serait excuse légitime,
en ces extrêmes périls le fils de Croesus,
muet dez sa naissance, fit l'imposs:bilité en
ce cas, et s'escriat au meurtrier qui voulait
esgorger son père ; le roy est nostre père et
nostre patrie nostre mère ; quand nous serions muets, sy faut-il s'escrier quand on es-
gorge l'estat ou le public, et n'est pas assez
de s'escrier, mais faut-il y accourir, et parer
aux coups si nous pouvons

Si nous voyons l'hœrésie se couler subtilement, et desia le libertinage, son avant
coureur, marquer les logis, la iustice ban-
nie, et le désordre règner, les voleries partout aux champs, les larrecins dans les villes,
les gens de bien oppressez, et le peuple périr, le domaine du Roy et les deniers publicques estre desrobez impudemment, et
servir aux festins et praticques de ceux qui
les gouvernent, la gendarmerie se dissiper à
ce moyen, faute de vivres et de paye, à la
veüe de nos ennemys qui portent en main le
fer et le feu et ne nous escrions pas, dez le
sommet de nos solitudes : au voleur ou
larron, à l'iniustice, à l'hœrésie, il n'y at ex-
ception ny excuse quelconques : nous som-

mes criminels de lèze majesté divine et humaine si nous nous taisons en cette extresme péril.

Si nous prévoyons les dessins de nos ennemys, et voyons par leurs mouvements qu'ils viennent surprendre ou emporter de force nos places principales, nous sommes obligés d'en advertir ; et si les advertissements secrets ne portent pas coup, il nous fault escrier dez les hauts des tects, dit nostre maistre ; et si le mal ne se guarit pas, il y faut accourir, et y employer tout ce que nous avons de forces du corps et d'esprit.

Morus, en sa retraitte, vit le schisme et l'hœrésie se glisser en Angleterre ; il estoit retiré des affaires publicques et vivoit en son Chelsey une vie religieuse, quasi dans le sépulchre, car il faisoit dresser lentement son tombeau et sa méditation de la mort estoit de payer luy-mesme chacun soir les ouvriers qui y travailloint ; iamais homme ne renonçat si absolument au monde que Morus avoit faict en sa retraitte ; mais, quand il vit le schisme et l'hœrésie dans l'isle, il prit les armes aussitôt pour les combattre.

C'est icy où ie veux rendre raison des sorties que i'ay faictes de ma solitude, en deux ans de retraittes, et m'y estendre un peu largement affin que les gens de bien

11

qui vivent et vivront après nous, soint infor-
més aux vray de mes actions dernières que
i'expose en public à la veüe des enfans de
ce siècle.

Je trouvay au commencement de ma retraitte un assez doux repos dans l'escart solitaire d'une maison aux champs, qui estoit
celle de ma naissance, (1) laquelle i'avois dez
longtemps disposé pour estre mon Chelsey ;
fut Mr le marquis de Conflans, gouverneur
des armes, m'y vint communiquer les instructions secrettes du sérénissime infant
d'Espagne et du prince Thomas ; ie luy don-
nay mon advis pour l'exécution de leur ordre, sans sortir de ma solitude.

Je vis lors le soin incroyable que cet auguste et royal prince, frère de nostre roy,
avoit pour ce pays, car, pour divertir la furie des françois de dessus nos testes, il estoit entré en Picardie (1) où il les avait faict
accourir, et pour nous couvrir à l'advenir
voulait que, cependant qu'il occupait l'ennemy par delà, l'armée impérialle et la nostre prissent pied dans les deux provinces de

_____

(1) Montigny-les-Arsures, où Girardot avait sa
maison de famille, qu'il appelle celle de sa naissance, pour y avoir vécu tout enfant, encore qu'il
fut né à Salins.

France, par lesquelles nous pouvons estre attaqués, scavoir la Bourgogne et la Bresse, et nous avoit assigné la Bresse; petites pro vinces désarmées qui n'eussent peu manquer de voisins, ny de gens ayant à dos cette province lors en son entier d'hommes et de biens.

Il falloit une conférer e entre la cour qui gouvernoit lors et le chef de l'armée impérialle pour disposer les choses ; le marquis me tirat de ma solitude, et fusmes ensemble aux portes de Dole pour conférer avec la cour, où nous trouvasmes de justes... dehors (1) et une face hideuse de barrasques de peste au mesmo lieu ou peu auparavant avoint estés les tranchées des François ; nous y passames la nuict sur la terre, et le lendemain marchasmes à la Saône, ou estoit l'armée impérialle, et après un simple abbouchement, ie m'en revins en ma solitude.

Je trouvay plusieurs de la noblesse mal contens, du peu de grez que les assiégés secourus leur avoint tesmoignés ; ie mis la main à la plume en ce voyage, et fis courir un imprimé pour lever les ialouzies, et rendre chacun content et heu le bonheur en

_____

(1) 1636-1637. Lacune.

mesme temps de veoir le gouverneur des armées et la cour de bon accord par ensemble contre l'espérance de ceux qui désiroint
des nouveautés.

J'ay promis au commencement de ne parler des fautes de personnes : nostre armée
fut preste trop tard, et logée par ordre des
gouverneurs; i'estois retiré en ma solitude,
lorsque quelques quartiers de cavalerie furent enlevées, et peu après nostre armée
engagée ; Mʳ le Marquis m'en advertit ; i'y
accourus, et ayant veu les choses bien re-
mises, au grand honneur des commandans
auxquels ie servy de tesmoing, ie retournay
comme devant en ma solitude (1).

On entreprins le voyage de Cornoz ; j'en
dissuaday par lettres le dit marquis ; on me
mandat de laisser faire celuy qui l'assistoit
de la part des gouverneurs, et nostre armée
y fut mise en déroute, et après ce malheur, qui
at esté le commencement et la porte par laquelle sont entrez tous nos maux, le marquis
me vint prendre en ma solitude, et m'o-
bligeat de passer à Dole pour ayder à trouver remède à ce grand mal.

Arrivat en mesme temps Mʳ le Marquis
de St-Martin pour gouverner cette pro-

---

(1) 1637.

vince ; l'assistay dans la cour au serment
qu'il prestat, et le lendemain vint retrouver
ma solitude, ou estant à grand peine, M^r le
gouverneur qui alloit au rencontre des François commandez par le duc de Longueville,
me mandat quérir en plein minuict, et voulu que ie lui servisse de conseil en ce commencement pour la direction des affaires de
guerre.

Il y avoit avec luy un député de la cour
qui la resservoit (1) de iour à autre comm'il
estoit de son devoir ; ie servis trois mois de
confident au général, durant lesquels la
Bourgogne fut assaillie de trois divers costez ; car le duc de Veymar, attaquat puissamment le bailliage d'Amont, et le comte
de Grancey les montagnes, tandis que le
duc de Longueville poussoit les armes dans
le baillage d'Aval. L'armée impérialle estoit
retirée dez longtemps ; S. A. de Lorraine
commandait la nostre ; M^r le Gouverneur
allat contre Grancey par résolution prise à
Fraisans. Grancey avait occupé et fortifié,
Vigeaucour, et Dompierre et en douze heures, après un combat dans les portes de
Montbéliard, M^r le gouverneur le battit et
emportat sur luy ces deux places.

_____

(1) Renseignait.

La place d'armes contre Veymar estoit asaignée proche de Gray ; il y accourut, et me laissat en son armée pour marcher avec elle à la place d'armes ; mais il trouvat la cavalerie Allemande et Lorraine mise en route par Veymar, et nous mandat de tourner teste à Besançon, ou au bout de quelques jours une grande fièvre continue me repoussat en ma solitude.

L'ennemy tenait la campagne, la forteresse de Sainte Anne fut ma solitude ; Bletterans se perdit ; l'armée françoise et la nostre s'y trouvèrent en front l'une de l'autre. J'y fus mandé par M* le Gouverneur, et là fut avisé aux affaires en conseil de guerre, lequel achevé, ie rebroussay sans délay à Saint-Anne.

La province ayant soustenu ces trois armées, on descouvrit au mois de décembre le dessein des François sur Salins pour l'année suivante : M* le Gouverneur pourveut dez l'instant à le fortifier, et me mandat pour luy donner mon advis ; et estant contraint par S. A. de Lorraine de passer au Bassigny, me laissat ses instructions. Veymar cependant, et Longueville pensèrent fondre sur Salins, et leurs entreprises estant rompües, Longueville, trois mois après retournat avec armée puissante ; nostre armée y accourut, et fut donné bataille, que nous gaignames, à deux lieües de Salins, où S. A. de Lorraine et M' le Gouverneur signalèrent leur valeur (1).

Mon devoir m'avoit obligé de me trouver en une occasion si pressante ; une fièvre continue, deux iours avant le combat, m'arrestat au lict, après la retraitte de l'armée française ; ma solitude puis après fut la forteresse de Chasteauvillain, où ie me suis occupé à dresser quelques ramparts, comme i'avais fait à Saint-Anne auparavant ; et naguère les françois ayans faict places d'armes à nostre frontière, et menaçans Salins, ie suis accourus par ordre de M' le gouverneur, mais c'a esté à Brissac qu'ils en ont voulu.

Voilà mes sorties hors de ma solitude durant ces deux annés, horribles et funestes si elles n'estoint coronnés des lauriers de la fidélité et valeur de nostre nation (2).

---

(1) A Poligny.
(2) Pour tout ce récit voir la *Guerre de dix ans,* du même Girardot, *passim.*

CHAPITRE XX

Des périls extrêmes

Nos retraittes en la solitude ne sont pas pour nous tirer des périls ɐusquels se rencontre nostre patrie, mais pour nous tirer de ceux ausquels nous mettrions nostre salut et nostre honneur, si nous trainions nos corps vieux et cassés dans l'assiduité des affaires : ce n'est pas pour quitter la partie que les généraux d'armée mettent le bagage à part, mais pour combattre plus vivement, et ie ne scay si i'approuverois la retraitte du chancelier Morus, qu'il fit par appréhension de se perdre soy mesme dans les douceurs et flatteries de la cour, si ie ne le voyais dans son Chelsey combattre vaillamment l'hœrésie et le schisme.

Nous combattons en nos retraittes pour

la sûreté publique, comme ie viens de dire, en trois façons : donnant advis à ceux qui gouvernent, nous escrians dez nos solitudes et sortans d'icelles aux périls extrèmes pour accourir à eux ; mais icy se présente une question lorsque les périls sont extrêmes, c'est-à-dire quand nous ny voyons aucun remède, car s'il y at du remède, ils ne sont pas extrèmes, et suffit de donner nos advis; est ce pas impudence d'accourir où nous ne pouvons rien, témérité de se précipiter inutilement ; la charité commence elle pas à nous mesmes ; pourquoy nous perdre avec les autres, si seuls nous pouvons nous conserver ; pourquoy reietter en mer un vaisseau brisé, à l'heure de la tempeste, lequel en la bonnasse nous avons amenés à rive comme impuissant désormais de voguer ?

Ceux qui ont pour dernier but, et loy supresme leur intérest particulier, n'ont garde d'estre icy de mon opinion : ie dis que le désespoir des affaires n'est iamais excusable, pas mesme à celuy qui at la mort entre les dents ; Rome fut en extrême péril après la bataille de Cannes; Paul Emille voulut mourir glorieusement avec sa patrie ; Varron ne fit pas de mesme et le Sénat luy remerciat de ce qu'il n'avait pas désespéré des affaires publicques ; qu'on dise ce qu'on voudrat de

Caton d'Utique qui soustint la républiquo
romaine mourante, iusques à ce qu'il la vit
en agonie, et lors se tuat de sa main pour
mourir avec elle; s'il n'eust pas esté si sou-
dain peut estre, eust-il porté César à resta-
blir luy mesme la république à son entier,
car il estoit sans enfans, et quoy que Marc
Anthoine luy suadat (1), ne voulut iamais
accepter la royauté.

Une royne d'Espagne, durant la guerre
des Gibelins, vit les deux roys, ses deux fils,
estre faicts prisonniers, en un iour, de la ré-
publicque de Gennes, par le plus grand
malheur que iamais ait esté veu, et furent
menés au duc de Milan qui estoit du party
gennois. Cette royne en mourut d'ennuy ;
cependant les deux roys prisonniers gagnè-
ront le duc de Milan à leur party, si avant
qu'il marchat tost après en campagne avec
eux ; il en arrivat à peu près autant quand
l'armée navale d'Espagne commandée par
Moncade fut desfaitte par André Doria.

Quand le prince de Condé nous surprit
en ce pays, y at trois ans, et prit nostre
lyon par la teste, nous ne voyons aucun
remède, fut M. le marquis de Conflans
et moy, car nous n'avions ny gens, ny ar-

---

(1) Conseilla.

gent ny conseil, ny autre espoir qu'en Dieu seul qui le second iour nous donnat la lumière pour démesler cette fusée.

Le sérénissime infant, nostre maistre, nous promit un prompt secours par les mains du roy d'Hongrie, son frère, à présent empereur ; son armée venant à nous fut arrestée en Allemagne par les armées du cardinal de La Vallette et mareschal de La Force ; sept mille cavaliers polognois, qui estoint la force de nostre secours, abbandonnèrent l'empereur pour un despit ; les François assiégèrent Saverne et se prindrent à la veüe des Impériaux affoiblis de cavalerie, et furent les Impériaux contrainct de se retrancher devant l'armée françoise ; aussy tout espoir de secours nous estoit levé ; ce fut néantmoins à l'heure mesme que nous fusmes secourus heureusement.

Il n'y at point de péril extrême devant Dieu ; tous périls grands et petits sont esgaux et de néant devant sa toute puissance et pour la faire connoistre aux hommes, il laisse rouler ses serviteurs iusques au bord du précipice et par ce moyen leur faict veoir que c'est de luy que le secours et bonheur arrivent inespérement. Quand les femmes en travail d'enfans sont surmontées de la douleur et commencent à désespérer, c'est signe que l'enfant naistra à ce moment; cette comparaison est de nostre maistre; si nous avons du courage et confiance en Dieu, ne craignons rien, car c'est luy qui nous le donne pour gage de sa bonté; comme au contraire, le désespoir est une marque d'abbandonnement de Dieu.

Mais dans la confiance mesme, l'arraisonnement humain qui ne voit plus goutte aux affaires ne laisse pas de nous importuner, et nous en sommes cômme la femme qui accouche; David, en ce poinct, disoit qu'il se voyoit abbandonné de Dieu, mais que dans les portes mesmes de l'enfer il espérreroit en luy; et un autre dans la presse du désespoir disoit à Dieu qu'il le tiendroit si bien qu'il ne le quitteroit pas.

Que si, navires cassées que nous sommes, nous faisons débry de nos corps en ces torments, ou si nous y perdons la vie par les armes de nos ennemys en conservant nostre patrie, nous mourons glorieusement, et une telle mort ne se peut assez acheter.

Mais principalement en cette Bourgongne, où la religion catholicque, la iustice et la liberté sont unies inséparablement à la domination de nos roys, car ailleurs l'hœrésie est permise, la iustice est vénale et les franchises

sont bannies dez plusieurs siècles (1) ; la
moindre introduction de liberté de conscience
en ce pays ternirait pour iamais la pureté
glorieuse de nostre religion, pour ce que la
iustice qui en est la gardienne peut esteindre,
comm'elle at tousiours faict, les bluettes et
feux d'hœresie naissante, mais non pas les
embrasements; et la iustice faicte vénale ne
seroit plus cette iustice vierge qui chasse
l'hœresie, mais une prostituée qui ne cher-
cheroit que le proffit ; le pauvre peuple et la
noblesse mesme seroint des victimes immo-
lées à l'ambition et violence de ceux qui les
tiendroint esclaves, et dans leur esclavage,
pour dernière et extrême faveur, les met-
troint au pied de leurs peuples naturels qui,
au lieu de liberté, dez longtemps inconneües
entre eux, n'entendent que mots de concus-
sions, bureaux et chambres d'édict.

Ainsy dans la Bourgongne, mourir pour
la conserver soubs la domination de nos roys,
ce n'est pas mourir, mais vivre immortels ; il
y at trois sortes de couronnes au martyre,
comme il y en at trois causes, la foy, la iustice et la charité ; qui meurt combattant

---

(1) Girardot veut parler de la France, l'ennem
héréditaire du comté de Bourgogne et contre laquelle il avait si longuement lutté.

pour la foy, qui pour la iustice, qui pour la sauveté publicque, tous meurent glorieux en un second baptesme dans le bain de leur sang ; mais en ces extrêmes périls où nous avons estés, ceux qui sont morts combattans ont emportez les trois couronnes et ceux qui à mesme fin soutiennent la nécessité, la famine et les misères font cette riche acquisition de lauriers immortels, car nous combattons pour la foy, la iustice et le salut public.

Ceux qui sont en retraitte seroint bien ignorans, si voyans dans ces périls extrêmes les couronnes préparées à ceux qui y courent légitimement et à droicte intention, ne venoint courir en cette lice d'honneur, ou auroint les courages bien ravalés.

Les vicieux et meschants, qui ont attiré l'ire de Dieu sur les provinces, sont ceux qui aux extrêmes périls pensent à se conserver, ignorans qui ne voyent pas qu'il n'y at point de finesse, ny de fuitte, ny de conseil contre Dieu, mais comme i'ay dit cy devant, les meschans ne se trouvent iamais en retraitte chrestienne et pour ce nous n'avons pas icy à parler d'eux.

CHAPITRE XXI

———

De l'obéissance à nos supérieurs

L'obéissance que nous devons à nos supérieurs est une autre sorte d'obligation à secourir le public en périls extrèmes quand ils nous le commandent. Nos évesques aux choses de l'esglise, nos gouverneurs et généraux d'armées aux choses de guerre, et nos cours de parlement aux choses de iustice et de police sont nos supérieurs ; et nous qui sommes membres des conseils, avons ces trois sortes de supérieurs ausquels les trois puissances sont réparties ; les roys mesmes, et les empereurs qui les ont establis leur obéissent ; nostre grand empereur Charles cinq fit gloire d'obéir au général qu'il avoit establis à son armée devant Thune en Barbarie ; et que devons nous faire nous

12

autans aux commandemens de nos évesques
et gouverneurs aux saisons et choses qui les
touchent ?

Morus, en sa retraitte destachée du monde,
obéit estroitement à tous commandemens
qui luy furent faicts iusques à ce que le
schisme et l'hœrésie emportèrent le dessus ;
lors ce vaillant homme obéit à Dieu, à l'esglise
et au glorieux évesque qui seul estoit resté
fidel et refusat d'obéir au roy désobéissant
à Dieu qui vouloit qu'il le secondat en son
schisme.

Sainct François, quand il establit son tier
ordre, qu'il appellat de pœnitence, lequel a
produit de grands fruicts dans la noblesse,
et a donné aux gens de lettres le glorieux
St-Yve (1), ne demandat pas pour ce tier
ordre les exemptions qu'il avoit heu pour
les autres religieux vivans en congrégation,
mais laissat chacun dans l'obéissance à ses
supérieurs ordinaires.

Un homme est entrepris, quand il y at du

----

(1) Saint-Yves, né près de Tréguier, en 1233,
official des diocèses de Rennes et de Tréguier,
successivement curé de Trédrez et de Lohanac,
mérita le surnom d'avocat des pauvres. Il est
resté le patron des avocats et des hommes de loi
qui se réunissaient autrefois, notamment à Dole,
en confréries portant son nom.

désacord entre les supérieurs comme il y
avoit en Angleterre entre l'esglise et le roy,
et ny at rien de plus dangereux en ces temps
là que de s'embrouiller à complaire à tous ;
il s'y faut porter généreusement où nostre
devoir nous appelle ; les maisons nobles de
ce pays anciennement honnoroint fort les
lettres, et les marioint avec les armes; et ce
qui les faisoit aimer de leurs princes estoit,
qu'en cette sorte, elles estoint utiles à leur
service en l'un et l'autre temps, et iamais
cette province n'at iouis d'un repos plus entier qu'en cette saison là que le mariage des
lettres avec les armes la tenoit en bonne
union; et les mesmes gentilshommes lettrés,
armés servoint noblement et sans avillir l'une
ny l'autre de ces professions par la considé-
ration de leur intérest, pour ce que leur employ estoint en tout temps de paix et de guerre.

Il n'y at rien de plus beaux que le procé-
der anciain de ceste noblesse qui commen-
çoit par l'estude des lettres, donnoit aux
exercices des armes quelque saison de l'années et s'alloit formant en mesme temps
aux lettres et aux armes (1); nous vismes une

_____

(1) Il semble que Girardot fasse allusion à la de-
vise de Dole: *Justilia et armis Dola*, en prenant le
premier mot dans le sens large de culture d'esprit

fois à la cour une acte de iustice d'un de la
maison de Saul, en ce pays, chevalier, seigneur de plusieurs places et tout ensemble
licentié aux loix et lieutenant du ballif de
Dole ; et en plusieurs tiltres anciains, i'ai
remarqué le tiltre de *maistre* conioinct à
celuy de chevalier et celuy de *féal* à celuy
de *conseillier* et veu les mesmes personnes
selon les saisons de paix et de guerre se si-
gnaler aux choses de guerre et aux choses
de iustice, avec une loix perpétuelle, que durant le péril de la province, les deux ne pou-
vans agir ensemble, la iustice ordinaire des
procès cesse, comme les armes aussy cessent
à leur tour quand le péril est passé (1).

Enfin la noblesse, après ses longs travaux
estoit récompensée et faisoit retraitte en sa
maison, en la mesme forme que nous mar-
quons icy, sans se dispenser de servir aux
extrèmes nécessités ; et la plus part des édi-
fices religieux et belles fondations des siècles
passez, ont esté faites durant ces retraittes

---

qui comprenait à cette époque particulièrement
l'étude des lois. Le reste est le mot de Cicéron :
Cedant arma togae.

(1) C'est au fond un peu un plaidoyer *pro domo;*
l'auteur se donne lui-même en exemple et pour
être sûr d'avoir atteint la perfection, érige sa propre
règle de conduite en doctrine à l'usage de tous·

dernières des gentilshommes de ce pays. Je
voyois à cent pas de ma maison de retraitte,
celle du président d'A...., que la cruauté
françoise a mis en cendre au mois de juin
dernier, mais sa sépulture y reste encore, et
le bronze qui conserve sa mémoire avec plusieurs belles fondations; et dans le mesme
village y at quantité de maisons champes-
tres qui estoint au dernier siècle celles des
retraittes de nos conseilliers aux saisons qui
leurs estoint libres.

CHAPITRE XXII

De l'obligation à nostre patrie

Je passe plus avant dans l'obligation que nous avons à nostre patrie, et dy que quand elle seroit ingrate de nos services, et nous auroit indignement traitté, nous ne serions pas moins obligez à la secourir aux extrêmes périls si nous en avions le pouvoir, et sans attendre mesme qu'elle nous en requit. Car nostre patrie qui est nostre mère ne perd iamais le droict qu'elle at sur nous, et ne doibt iamais fléchir devant nous le genouil ; les loix ont déclaré les causes d'ingratitude aux enfans, pour lesquels ils peuvent estre exhœrédez : mais du costez des pères et mères, il n'y at iamais ingratitude, ny causes d'exhœrédation ; quand ie parle de nostre patrie, qui est nostre mère, ie parle aussy de nos Rois qui sont nos pères.

C'est un ordinaire aux republicques que les services y sont payés d'ingratitude, pour ce que l'envie est un vent qui y règne et faict mouvoir les flots' des multitudes populaires comme les ondes de la mer; et à mesure que les services sont plus grands, l'envie s'eslève d'advantage et en est la tempeste plus dangereuse, comm'il se voit aux republicques grecques et romaines pour ne parler de celles de ce temps ; les personnages qui ont bien servy, souvent y font naufrage, duquel leur patrie n'est pas coupable, mais l'envie qui la pousse, autrement leurs propres services et leur vertu mesmes en seroint aussy coupables, pour ce que leur vertu donne matière et faict eslever le vent de l'envie ; il y at bien de la difference entre les trompeurs et les trompez; l'envie trompe et les peuples sont trompez; c'est crime aux uns et erreur aux autres, et telles fois les peuples et les conseils qui traittent mal ceux qui ont bien faict, pensent faire iustice, et chose agréable à Dieu, (comme dict nostre maistre); ceux mesmes qui le firent mourir, soldats romains, pensoint bien faire, ce fut pourquoy il demandat pour eux pardon à Dieu (1).

Je veux tirer icy un exemple de l'histoire romaine ; Camillus estoit gentilhomme romain, vertueux et grand capitaine, comme ses actions aux guerres de Veiense et des Falisques qu'il vainquit et en eut deux triomphes nous le font connoistre ; il fut accusé d'avoir profité des deniers publicques, et estoit si peu riche qu'il fallut que ses parents et clients payassent son amande ; il se retirat en la ville d'Ardea, et y fut relégué par arrest du peuple romain ; sortant de Rome, il priat Dieu, (dict Tite-Live), que sa patrie ingrate, qui luy faisoit ce tort sans l'avoir mérité, vint à le regretter ; les Gaulois entrèrent puis après en Italie, deffirent les romains, prirent et bruslèrent Rome et assiégèrent estroictement le sénat qui s'estoit retiré au Capitole (2). . . . . . .

. . . .

ne demandèrent point d'ayde à Camillus,

---

(1) Tout ce passage est décousu, mal écrit. On sent que Girardot n'avait pas mis encore la dernière main à son ouvrage. Et ce défaut sera encore bien plus sensible dans les dernières pages qui suivent, au point qu'elles sont parfois incompréhensibles.

(2) Le manuscrit présente ici une lacune.

mais il ne laissat pas pour autant de les secourir ; il estoit tousiours à Ardea, banny
de Rome, plus desplaisant, (dit Tite-Live), du
malheur public que du sien particulier et
s'enviellissant à accuser Dieux et hommes,
se despitoit et esmerveilloit en soy mesme
où estoint ces hommes qui iadis avoint pris
soubs lui Veiente et Fallérie ; mais ces des-
pits ne l'empeschèrent pas qu'il ne haran-
guast les Ardeades et rassemblat les fuyards
de la routte d'Allia, avec lesquels il fit lever
le siège du Capitole et deffit les Gaulois.

Je remarque icy, avec Tite-Live, que le
bannissement inuiste de Camillus fut une
preuve du courroux de Dieu, car autrement
les Gaulois n'eussent pas heu le beau ieux
qu'ils eurent ; que quand Camillus allat en
exil, il demanda iustice à Dieu pour ce que
le peuple romain n'avoit autre supérieur que
Dieu.

Que dans son douloureux exil il le quali-
fioit après advertir, au commancement que
les Gaulois venoint, mais nous ne l'avons
pas creu ; tous les événements depuis nous
ont advertis de sa part de son iuste cou-
roux, et après tout cela nous ne nous sou-
venons pas non plus que faisoint ceux du
Capitole que nostre libératrice est tousiours
réléguée ; ceux qui sont dehors s'en sou-

viennent, et moy ie demande icy avec eux
son rappel de ban, à ceux qui ont en main
l'authorité, et pouvoir de la rappeller affin
que soubs ses heurreux auspices nous com-
battions et nous chassions les Gaulois. (1)

---

(1) Faut-il voir dans cet appel à la Libératrice
contre les Gaulois une dernière et suprême in-
quiétude du patriotisme de Girardot, un dernier
et suprême appel pour la patrie en danger contre
les Français? Il est regrettable que toute cette
fin ait été gatée par un copiste inhabile et rendue
par lui incompréhensible.

NOTA

Nous avons cru devoir respecter autant que possible l'orthographe du manuscrit Chifflet, quelqu'incorrecte qu'elle puisse paraître parfois, quelque fantaisiste et irrégulière qu'elle soit toujours. En cela nous n'avons fait d'ailleurs que suivre l'exemple donné par Crestin, l'éditeur de la Guerre de dix ans ; nous croyons avoir, comme lui, ainsi conservé un peu mieux la physionomie originale de l'œuvre de Girardot.

A la première page, au titre même du Livre, nous avons, par un scrupule peut-être exagéré, laissé subsister une erreur du premier copiste : le sieur de Beauchemin n'est pas mort « au mois de Janvier 1654 », mais bien, comme nous l'avons écrit ailleurs et rappelé dans l'Introduction, durant la nuit du 7 au 8 Février 1651.

Plusieurs fautes d'impressions se sont glissées dans le texte à notre insu et malgré nos soins. Aucune cependant n'est assez grave pour que nous risquions de fatiguer, en la rappelant ici, le lecteur intelligent et bénévole ; toutes le sont assez pour que nous lui demandions de nous excuser.

TABLE DES MATIÈRES